KB076490

영화 편집

—역사, 개념, 용어

아모르문디 영화 총서 10

영화 편집 ─ 역사, 개념, 용어

초판 1쇄 펴낸 날 2018년 3월 20일
초판 4쇄 펴낸 날 2024년 3월 10일

지은이 | 김형석
펴낸이 | 김삼수
편 집 | 김소라
디자인 | 최인경

펴낸곳 | 아모르문디
등 록 | 제313-2005-00087호
주 소 | 서울시 마포구 월드컵북로5길 56 401호
전 화 | 070-4114-2665 팩 스 | 0505-303-3334
이메일 | amormundi1@daum.net

ⓒ 김형석, 2018 Printed in Seoul, Korea

ISBN 978-89-92448-66-6   04680
ISBN 978-89-92448-37-6(세트)

※ 이 도서의 국립중앙도서관 출판예정도서목록(CIP)은 서지정보유통지원시스템 홈페
이지(http://seoji.nl.go.kr)와 국가자료공동목록시스템(http://www.nl.go.kr/kolisnet)
에서 이용하실 수 있습니다.(CIP제어번호: CIP2018007875)

아모르문디 영화 총서·10
Amormundi Film Books

영화 편집

―역사, 개념, 용어

김형석 지음

아모르문디

'아모르문디 영화 총서'를 시작하며

영화가 탄생한 것은 1895년의 일입니다. 서구에서 영화에 대한 이론적 담론은 그로부터 한참 뒤인 1960년대에야 본격화되었습니다. 한국에서는 1980년대 후반의 일이었습니다. 대학원에 영화학과가 속속 생겨나면서 영화는 비로소 학문의 영역으로 들어왔고 연구자들에 의해 외국 서적들이 번역·소개되기 시작했습니다. 1990년대 중반까지만 해도 외국어로 된 책을 가지고 동아리 모임이나 대학원에서 함께 공부하고 토론했던 기억이 새롭습니다. 매일 선배나 동료들에게 애걸복걸하며 빌리거나 재복사를 한, 화면에 비가 내리는 비디오테이프를 두세 편씩 보고서야 잠이 들고 다른 언어로 된 이론서를 탐독하며 보냈던 시절은 어느덧 지나간 듯합니다. 이제는 구할 수 없는 영화가 없고 보지 못할 영화도 없습니다. 그럼에도 오늘 한국의 영화 담론은 어쩐지 정체되어 있는 듯합니다. 영화 담론의 장은 몇몇 사람들만의 현학적인 놀이터가 되어가고 있는 느낌입니다.

최근 한국의 영화 담론은 이론적 논거는 부실한 채 인상비평만 넘쳐나고 있습니다. 전문 영화 잡지들이 쇠퇴하는 상황에서 깊이 있는 비평과 이해는 점점 더 찾아보기 어려워지고 있습니다. 대학과 현장에서 사용하는 개론서들은 너무 오래전 이야기에 머물러 있고 절판되어 찾아보기 힘든 책들도 많습니다. 인용되고 예시되는 장면도 아주 예전 영화의 장면들입니다. 영화는 눈부신 속도로 발전하고 있는데, 그에 대한 이론적 논의는 그 속도를 따라가지 못하는 형국입니다. 물론 이론적 담론이 역동적인 영화의 발전 속도를 바로바로 따라잡기란 쉽지 않은 일입니다. 그럼에도 당대의 영화 예술에 대한 깊이 있는 이해는 비평적 접근을 통해서만 가능하다고 믿습니다. 이에 뜻을 함께하는 영화 연구자들이 모여 '아모르문디 영화 총서'를 시작하고자 합니다.

'아모르문디 영화 총서'는 작지만 큰 책을 지향합니다. 책의 무게는 가볍지만 내용은 가볍지 않은 영화에 관한 담론들이 다채롭게 펼쳐질 것입니다. 또한 영화를 이미지 없이 설명하거나 스틸 사진 한두 장으로 논의하던 종래의 방식을 벗어나 일부 장면들은 동영상을 볼 수 있도록 기획하였습니다. 예시로 제시되는 영화들도 비교적 최근의 영화들로 선택했습니다. 각 권의 주제들은 독립적이면서도 서로 연관 관계를 갖도록 설계했습니다. '아모르문디 영화 총서'는 큰 주제에서 작은 주제들로 심화되는 방향으로 구성되어 있습니다.

정체되어 있는 한국 영화 담론의 물꼬를 트고 보다 생산적인 논의들이 확장되고 발전하는 데 초석이 되었으면 하는 것이 '아모르문디 영화 총서'의 꿈입니다. 영화 담론의 발전이 궁극적으로 영화의 발전을 가져올 것이고 그 영화를 통해 우리의 삶이 더 풍요롭고 의미 있는 것이 되었으면 합니다.

기획위원 김윤아

들어가는 글

영화를 분석할 때 그 시작은 '숏'(shot)일 수밖에 없습니다. 그렇다면 영화 분석에서 가장 중요한 건 당연히 숏의 연결인 '편집'이 되겠죠. 영화는 수백, 때론 천 개가 넘는 숏이 모여 이뤄진 연속체이고, 그것을 가능케 하는 메커니즘은 바로 편집입니다. 한 번에 촬영된 하나의 숏으로 이뤄진 영화가 아니라면, 편집이 있어야 영화는 만들어집니다.

직업상 영화를 꼼꼼히 분석해야 할 때가 종종 있는데요, 다소 난해한 영화를 만나는 경우가 있습니다. 그럴 때 사용하는 방법이, 역순으로 편집을 해보는 겁니다. 구체적으로 이런 작업입니다. 영화 개봉이 끝나고 다운로드 서비스가 시작되면 그 영화의 파일을 구합니다. 그리고 영화를 보면서, 분석해볼 만한 신이나 시퀀스를 만나면, 그 부분의 모든 숏을 캡처합니다. 영화가 끝난 후에, 캡처했던 숏들을 하나하나 연결해서 다시 보면, 이전까진 보이지 않던 것이 수면 위로 떠오릅니다. 어떤 의도 같은 게 감지되는 셈이죠. 왜 이 장면 뒤에 이 장면을 붙였을까? 이 숏은 누구의 시점일까? 여기서 클로즈업을 쓴 이유는 무엇일까? 분석에 다소 시간이 걸리는 단점이 있긴 하지만, 이렇게 숏을 캡처해서 복기하는 작업은, 마치 정교한 시계의 부품을 하나하나 분해해 그 작동 원리를 탐구하는 것만큼 복잡하면서도 흥미롭습니다.

　이 책은 제가 영화의 편집을 들여다보면서 느꼈던 즐거움을 공유하고 싶은 마음에서 쓴 것입니다. 가장 기초적인 편집의 문법과 용어를 중심으로, 편집의 역사와 그것을 둘러싼 '알쓸신잡' 식의 이야기들을 묶었습니다. 그래서 실제 편집 기술에 대한 직접적인 도움을 받긴 힘드실 겁니다. 편집 엔지니어가 되고 싶다면, 혹은 동영상을 직접 제작하고 싶은 분이라면, 이 책보다는 관련 소프트웨어를 다루는 교재나 동영상을 보는 게 나을 겁니다. 하지만 이 책이 제시하는 편집의 기초 문법을 먼저 접한다면, 실제 작업을 할 때 좀 더 풍성한 결과물을 낳지 않을까 싶습니다.

　책을 구성을 할 때 가장 크게 염두에 둔 건, '실질적 도움'이 되어야 한다는 점이었습니다. 이 책은 거창하게 편집의 미학이나 철학을 이야기하는 책이 아닙니다. 대신 영화가 등장한 19세기 말부터 지금까지 100년 넘게 축적된 편집의 관습들 중 지금도 여전히 사용되고 있는 방식들을 간추린 것입니다. 그런데 난점은, 편집이라는 걸 글로 설명하긴 힘들다는 겁니다. 이미지와 사운드의 흐름을 텍스트로 묘사하는 덴 큰 한계가 있습니다. 그래서 QR 코드를 많이 넣었습니다. 아무래도 영상과 함께 설명을 듣는 것이 나을 테니까요. 그래도 미진한 부분이 있을 듯하며 영화 장면도 삽입했습니다. 부디 입체적으로 영화 편집에 대한 지식을 접하셨으면 합니다.

하지만 여전히 부족할 겁니다. 이 얇은 책이 편집에 대해 모든 것을 이야기해줄 순 없으니까요. 그래서 한 가지 방법을 제안합니다. 본문에 등장하는 편집 용어들엔 영어 표기가 함께 제시되어 있는데요, 구글링을 하신다면 좀 더 많은 관련 동영상을 만날 수 있습니다. 만약에 '매치 컷'에 대해 책 내용 이상으로 알고 싶으시다면, 'match cut editing' 식의 키워드로 동영상 검색을 해보세요. 훨씬 더 많은 내용을 접하실 수 있습니다. 어쩌면 이 부분이 집필 목적 중 하나인데요, 영화 편집에 관심이 있는 독자 여러분들이 이 책을 통해 자극 받아 더 많은 레퍼런스들을 직접 찾아 보셨으면 합니다. 적극적 독자가 되시는 거죠.

마지막으로 이 책이 나오기까지 기다려 주신 아모르문디 출판사 여러분과 기획위원인 김윤아 선생님께 감사의 말씀을 드립니다. 원래는 1년 전에 나왔어야 하는 책인데, 개인적인 문제로 미루게 되었고, 이제야 부끄러운 글을 세상에 내놓게 되었습니다. 부디 이 책이 영화를 사랑하는 분들께 작으나마 도움이 되길 바라며, 출판사와 위원님께 거듭 죄송함과 고마움을 전합니다.

2018년 2월

김형석

차례

I. 영화 그리고 편집

1. 편집의 힘

스티븐 스필버그가 〈죠스〉(1975)를 편집할 때 이야기입니다. 이 영화의 핵심은 상어죠. 물론 진짜 상어가 아닌, 그럴듯하게 만든 모형 상어를 사용했습니다. 당시 기술로는 완벽한 상어의 느낌을 표현하기 힘들었던 모양입니다. 컴퓨터그래픽도 없던 시절이니 더욱 힘들었겠죠. 스필버그는 버나 필즈라는 베테랑 에디터와 작업했는데요(그는 〈죠스〉로 아카데미 편집상을 수상하죠), 감독은 상어 장면을 찍을 때 고생했던 게 떠올라 편집실에서 자꾸 프레임 수를 늘리려고 했습니다. 아까웠던 거죠. 이때 감독의 어머니뻘이었던 에디터 필즈는 칼같이 짧게 끊어내는 편집을 주장했습니다.

　이 과정에서 스필버그는 묘한 현상을 발견합니다. 상어를 찍은 숏 중 하나가 36프레임만 쓰면 매우 사실적으로 보이는데, 38프레임까지 쓰면 상어가 마치 바다에 둥둥 뜬 희멀겋고 커다란 물체처럼 보였던 겁니다. 시간으로 치면 1/12초인데, 이렇게 큰 차이가 났던 거죠. 만약 스필버그가 필즈의 말을 무시하고 두 프레임을 욕심대로 영화 속에 넣었다면 어떻게 되었을까요? 러닝타임 124분에, 17만 8,000개 정도의 프레임이 사용된 〈죠스〉에서 그 두 프레임은 '옥의 티'가 되었을 겁니다.

　이런 상황에 대해 쿠엔틴 타란티노는 이렇게 말합니다. "영화에서 한 프레임을 줄이고 두 프레임을 추가하고, 이런 것으로 실패한 영화와 성공한 영화가 결정된다. 프레임의 차이에 따라 영화는 보기 흉한 쓰레기가 되거나 짜릿한 흥분을 주기도 한다." 즉 영화에서 편집은, 〈멋진 인생〉(1946)의 프랭크 카프라가 한 말처럼 "영화를 구원할 만한" 힘을 지닌 작업인 것입니다.

　영화라는 매체가 문학이나 음악, 연극이나 회화 같은 타 예술 분야와 가장 다른 점이 있다면 바로 편집입니다. 편집은 영화의 기초이며, 사실 편집이 영화를 만들죠. 현장에서 그냥 찍어 온 필름은 영화가 아닙니다. 예외가 있긴 하죠. 영화가 처음 발명되었을 땐, 뤼미에르 형제나 토머스 에디슨은 하나

의 숏으로 이뤄진 영화를 만들었습니다. 카메라를 고정시켜
놓고, 역에 들어오는 기차나 남녀의 키스 같은 걸 기록한 후
그 짧은 영상을 대중에게 보여준 겁니다. 이것이 영화의 시작
이며, 여기에 편집은 없었습니다. 그러면 여기서 다음 페이지
에 있는 두 장의 사진을 볼까요? 뤼미에르 형제가 만든, 아니
'기록한' 두 편의 영화 장면입니다. 숏이 하나밖에 없는 영화
들이니, 이 사진이 곧 그 영화라고 볼 수도 있겠네요.

이 영화들은 뤼미에르 형제가 1895년 12월 8일, 파리의 그
랑 카페에서 1프랑의 관람료를 받고 보여준 영화들 중 두 편
입니다. 당시 뤼미에르 형제가 운영하던 리옹에 있는 공장의
노동자들을 찍은 영상과, 시오타 역에 들어오는 열차를 찍은
거죠. 이때 만약 뤼미에르 형제에게 편집에 대한 아이디어가
있었다면, 즉 두 개의 장면을 이어 붙이면 이야기를 만들 수
있다는 걸 알았다면, 그들은 두 영화를 따로 상영하지 않았을
겁니다. 두 숏을 편집으로 붙이면, '공장 문을 나선 후 열차의
도착을 기다리는 노동자들'이라는 이야기가 만들어지거든요.
어떤 인과 관계가 성립하는 거죠. 하지만 그들은 그러지 않았
습니다. 영화는 탄생했지만, 영화가 지닌 잠재력은 아직 깨어
나지 않았던 겁니다. 그 잠재력은 바로 '편집'(editing)의 힘이
겠죠.

휴화산의 기간은 오래가지 않습니다. 20세기가 되기 전에
이미 편집이 등장했고, 1927년 최초의 토키 영화인 〈재즈 싱

뤼미에르 형제의 〈공장 문을 나서는 노동자들〉과 〈열차의 도착〉

어〉가 등장하기 전까지 약 30년 정도 지속되었던 무성영화 시기에 현재 우리가 접하는 기본적인 편집 테크닉은 거의 모두 등장합니다. 그런 점에서 편집은 영화의 발전에서 가장 먼저 완성된 분야입니다. 촬영, 편집, 특수효과, 사운드 등의 분야는 새로운 테크놀로지의 등장에 따라 지금도 꾸준히 발전하고 있는 데 비해, 편집이라는 기술은 일찌감치 그 완성태를 드러냈습니다. 워쇼스키 남매와 함께 〈바운드〉(1996)와 〈매트릭스〉 3부작(1999~2003)에서 작업했던 에디터 잭 스탠버그는 단언합니다. "영화를 영화답게 만드는 것이 편집이다." 그의 말을 따르자면, 영화를 발명한 사람은 뤼미에르 형제나 에디슨이 아니라, 숏과 숏을 처음으로 붙였던 그 누군가일 겁니다.

2. 편집과 촬영 비율

편집이 필요한 건, 영화는 촬영된 분량을 모두 사용하지 않기 때문입니다. 흔히 현장에선 한 장면을 여러 번 촬영하곤 합니다. 기술적 결함 때문에 리테이크(re-take)를 하기도 하고, 연출자가 자신의 의도대로 장면이 만들어지지 않았을 경우 다시 찍기도 합니다. 다시 한 번 찍자는 배우나 스태프의 요구가 있을 때도 있고요. 혹은 같은 장면을 다른 방식으로, 그러니까 대사를 바꾸거나 배우의 연기 톤에 변화를 주거나 카메라워크에 변형을 주어서 또 찍을 때도 있습니다.

영화 산업의 특성상 이런 과정은 필수적일 수밖에 없는데요, 한정된 시간 안에 모든 촬영을 마쳐야 하기 때문입니다. 편집실에서 편집기를 돌리다가 "이런 장면이 필요해"라며 다시 촬영을 할 수 없는 거죠. 모든 촬영은 프로덕션 기간 안에 마쳐야 합니다. 가끔씩 재촬영을 하는 경우도 있지만, 이땐 상당한 비용 문제가 발생합니다. 그래서 세트를 허물기 전에, 배우와 스태프의 계약 기간 안에, 모든 촬영이 끝나야 하는 게 영화 촬영의 원칙이고, 어느 정도 능력 있는 감독이라면 편집 때 곤란함을 겪지 않을 만큼의 촬영 분량을 만들어냅니다.

영화의 러닝 타임이 2시간이라고 하면, 촬영된 분량은 그보다 훨씬 많습니다. 이것을 촬영 비율(shooting ratio)라고 하는데요, '촬영된 분량 : 러닝 타임'의 개념입니다. 20시간 촬영한 후 편집을 거쳐 2시간짜리 영화를 만들었으면 촬영 비율은 10 : 1이 되는 거죠. 요즘은 대부분의 영화가 디지털 테크놀로지로 촬영되기에 크게 문제되진 않지만, 필름으로 촬영하던 시절엔 촬영 비율 관리가 엄격했습니다. 과거 할리우드에서는 5 : 1 정도면 경제적인 것으로, 15 : 1이면 소모적인 것으로 여겨졌죠. 10 : 1이 평균이었습니다. 제작비에서 필름 비용이 차지하는 비율이 컸던 시절의 이야기입니다. 이후 산업적 규모가 커지고 블록버스터가 등장하면서 30 : 1까지 갔다고 하지만요.

옛날 한국 영화 이야기를 들으면 3 : 1 정도로 영화를 찍었다고 합니다. 한 장면을 찍을 때 세 번까지만 테이크를 허락

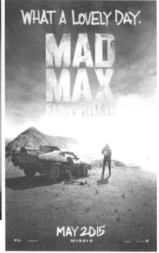

〈나를 찾아줘〉와 〈매드 맥스: 분노의 도로〉 포스터

했다는 이야기입니다. 당시 필름은 전량 수입품이었는데, 사치품으로 분류되어 관세가 엄청났고, 그래서 필름을 아끼기 위해 안간힘을 썼던 거죠. 꼼꼼한 감독들은 그날 찍을 숏들을 초 단위로 체크 한 후 촬영에 임했다고 합니다. 어떤 감독이 한 장면을 세 번 이상 찍으면 '똥감독' 소리를 들었다고도 하고요. 참, 할리우드에서도 3 : 1의 비율로 촬영했던 사람이 있습니다. 촬영 전에 이미 완성된 영화가 거의 편집이 다 끝난 상태로 머릿속에 있었던, 앨프레드 히치콕이었죠.

하지만 지금은 엄청난 촬영 비율로 영화를 찍습니다. 과거 프랜시스 포드 코폴라가 〈지옥의 묵시록〉(1979)를 찍을 때 촬영 비율이 95 : 1이어서 "미쳤다"는 이야기를 들었는데요, 요즘은 그 정도로는 명함도 못 내밉니다. 리들리 스콧의 〈마션〉(2015)의 촬영 비율은 104 : 1이었고, 데이비드 핀처의 〈나를 찾아줘〉(2014)는 무려 201 : 1이었습니다. 하지만 이 영화보다 더 높은 촬영 비율을 자랑하는 영화가 있는데요, 바로 조지 밀러의 〈매드 맥스: 분노의 도로〉(2015)입니다. 무려 240 : 1이라니! 2시간의 러닝 타임을 위해 480시간을 촬영한 영화입니다. 이 영화의 에디터 마거릿 식셀이 아카데미 트로피를 거머쥔 건, 어쩌면 당연한 일일지도 모르겠습니다.

3. 편집이라는 질서

그렇다면 엄청난 촬영 분량을 한정된 러닝 타임으로 줄이는 건 본질적으로 어떤 작업일까요? 크게 보면 그것은 '질서를 부여하는 작업'입니다. 이 책에서 이야기할 수많은 편집 테크닉과 개념과 용어들은, '촬영된 수많은 숏들'이라는 카오스에 어떤 질서를 불어넣기 위한 도구들입니다. 편집은 마치 성서에 나오는 천지창조와도 같습니다. 신은 "빛이 있으라"라는 말로 극도의 혼돈 상태를 하나의 세상과 우주로 만들었죠. 편집도 마찬가지입니다. 편집이라는 빛이 있기에 영화는 어떤 소우주를 형성하게 됩니다.

그렇다면 우리가 보는 영화는 몇 개 정도의 숏으로 구성될까요? 필름 데이터 연구가인 스티븐 팔로우스는 1997년에서 2016년까지 20년 동안 할리우드 영화를 대상으로 통계를 냈는데요, 한 편의 영화에 평균 1,045개의 숏이 사용되었다고 합니다. 물론 그 20년 동안 숏의 수는 점점 늘어났고요. 평균치가 그렇다는 겁니다.

숏의 수는 장르별로 큰 차이가 있는데요, 액션은 1,913개로 평균치의 거의 두 배이고, 그 뒤를 SF(1,701개)와 어드벤처(1,681개)가 잇습니다. 흔히 우리가 영화를 볼 때 이야기하는 '속도감'과 숏의 수는 비례하는 셈이죠. 반면 숏의 수가 가장 적은 장르는 491개의 다큐멘터리입니다. 그리고 음악영화(814개), 로맨스(869개) 순서로 적습니다. 한국 영화도 큰 차이가 있을 것 같진 않습니다. 영화는 대개 1,000숏 내외에서 결정됩니다.

문제는 그 1,000개의 숏이 영화에 배열되는 순서대로 촬영되지는 않는다는 점입니다. 물론 예외는 있습니다. 홍상수 감독 같은 경우, 영화에 보이는 장면 순서대로 촬영한다고 하는데요, 그래도 숏의 배열 순서까지 그대로 지키진 않을 겁니다. 그의 영화에서 숏의 수가 현저히 적긴 하지만, 그래서 편집이 개입할 여지가 그렇게 크진 않지만, '찍은 순서대로' 이어놓은 영화는 아닙니다. 어떻게든 에디터의 손길을 거치게 되는 거죠.

이 과정에 대해 에릭 피셔 같은 영화학자는 "우주 감각의 획득"이라는 표현을 씁니다. 하나하나의 숏은 편집 과정에서 엄연히 존재하지만, 단지 부분으로서 기능하는 것이 아니라 그것들의 연관에 의해서 전체의 가치를 만들어내고 규정도 하게 된다는 겁니다. 쉽게 말하면, 수많은 숏들은 편집을 통해 공간과 시간과 인과 관계를 부여 받고 '한 편의 영화'라는 작은 세상으로 만들어진다는 거죠.

무성영화 시절 러시아의 감독이자 몽타주 이론의 대가 중 한 명이었던 푸세볼로트 푸도프킨이 "영화 예술의 기초는 편집"이라고 말한 건 그런 맥락입니다. 편집을 통해 질서가 잡힌 숏의 연결체 속에서 관객은 미아가 되지 않습니다. 초현실주의 영화가 아닌 이상, 관객은 시공간적 연결성을 느껴야 영화를 볼 수 있습니다. 그 어떤 개연성도 없이 갑자기 다른 시간대로 간다거나 공간이 바뀐다면 관객은 혼란을 느끼는 거죠. 그 연결성을 만드는 것이 바로 편집입니다.

그렇다면 편집이라는 건, 인간의 감각과 어떤 관계가 있을까요? 편집을 통한 숏의 연결은 인간이 세상을 인식하는 방식과 일치하는 걸까요? 티모시 코리건과 패트리샤 화이트가 쓴 『영화 경험』(The Film Experience)이라는 책을 보면 흥미로운 지적이 있습니다. 영화의 편집은 인간이 일상생활에서 세상을 느끼는 감각과는 다르다는 겁니다. 당연한 이야기입니다. 인간은 세상을 볼 때 영화의 숏처럼 분리된 이미지로, 즉

'숏 바이 숏'(shot by shot)으로 보지 않습니다. 우리가 세상을 보는 방식은 '롱 테이크'(long take) 혹은 '시퀀스 숏'(sequence shot)에 가깝다고 할 수 있죠. 우린 세상을 단절된 것이 아닌 연속적인 것으로 받아들입니다.

그런데 이상한 건, 영화를 볼 때 우리는 1,000개가량의 숏을 연속적인 것으로 자연스럽게 받아들인다는 겁니다. 아주 매끄럽게 편집된 영화일수록, 우린 그것이 수많은 숏의 파편이 이어진 것이라고 인식하지 못합니다. 마치 하나의 숏이 쭉 이어지고 있다고 착각할 수도 있죠. 그런데 『영화 경험』에선 이것이 인간의 무의식을 반영한 거라는 가설을 세웁니다. 영화를 보는 건, 사람이 꿈 꿀 때 겪는 시각적 경험과 유사하다는 거죠. 꿈을 꾸고 나서 잠에서 깨었을 때를 생각해보죠. 아주 구체적이며 연속적인 스토리보다는, 우리의 무의식 안에 있던 단편적인 이미지와 패턴과 에피소드가 떠오릅니다. 영화가 각자 분리된 개별 숏의 연결인 것처럼 말이죠. 코리건과 화이트는 이러한 유사성에 기반해, 편집이라는 것이 사실은 인간이 지닌 원초적 감정과 생각에 접근하는 작업이라고 말합니다.

이 가설을 받아들인다면, 〈분노의 질주〉(2001)나 〈트리플 엑스〉(2002) 같은 호쾌한 액션 영화로 유명한 롭 코헨 감독의 말이 의미심장해집니다. "사람들이 영화를 좋아하는 건, 편집 덕분이다. 결국 우리도 우리 자신의 삶을 편집하길 원하기 때문이다. 사람들은 나쁜 기억이나 지루한 기억을 편집해서 들어내고 좋은 것에 더 집착하고 싶어한다." 어쩌면 편집이라는 건, 삶에 대한 인간의 선택적 욕망을 반영하는 행위일지도 모릅니다. 영화라는 건, 관객이 보고 싶어하는 것만 모아 놓은 이미지와 이야기의 덩어리인 셈이니까요.

4. 기술, 예술, 솜씨

편집은 엄청난 양의 숏에서 영화에 포함될 숏을 골라내고 그것을 연결하며 각종 효과를 만들어내는 작업입니다. 선택과 배열을 통해 숏 사이의 관계를 구성하는 것인데요, 『영화편집』의 저자 켄 댄시거는 편집을 '기술'(technique)과 '솜씨' (craft)와 '예술'(art), 세 가지 차원으로 바라봅니다.

'기술'은 매우 건조하게, "두 개의 서로 다른 숏이 담긴 필름을 물리적으로 하나로 접합시키는 것"을 말합니다. 요즘 같은 때는 필름이 거의 사용되지 않아 그 느낌이 덜하지만, 전통적 의미에서 편집은 필름의 결합이라는 물리적 상태에서 시작합니다. '솜씨'는 여기서 좀 더 나아가, "두 개의 필름을 하나로 연결함으로써, 두 숏 중 어느 숏에서도 나타나지 않는 의미를 만들어내는 것"입니다. 예를 들면 이런 겁니다. 누군가를 때리려는 사람이 꽉 쥔 주먹을 어깨 위로 치켜 든 '숏 A'가 있습니다. 그리고 누군가에게 주먹으로 얼굴을 맞는 사람의 '숏 B'가 있습니다. 이 두 숏을 연결하면, 즉 '숏 A+B'가 되면, '누군가에게 주먹으로 얼굴을 맞는 사람'이라는 의미가 만들어집니다. 여기서 만약에 평온한 해변의 풍경을 담은 '숏 C'가 있다고 해보죠. '숏 A'와 '숏 C'를 연결해 '숏 A+C'가 되면 새로운 의미가 만들어지지 않습니다. 해변을 보고 주먹을 치켜든 사람? 좀, 그렇죠…? 그런데 그 순서를 바꿔 '숏 C+A'가 되면, 평온한 해변에 누굴 때릴 듯 주먹을 치켜든 사람이 있다는 의미가 만들어집니다. 그 뒤에 '숏 B'가 붙을 수 있겠죠. 이처럼 인과 관계가 형성되도록 두 개의 숏을 붙이는 걸 '솜씨'라고 할 수 있습니다.

그렇다면 편집의 '예술적 차원'은 무엇일까요? "두 개나 그 이상의 숏이 연결되어 다음 단계의 의미, 가령 흥분이나 통찰이나 충격이나 어떤 영적인 발견 등을 창조하는 것입니다. 단지 두 개의 필름을 붙여(기술) 기계적인 스토리 생성(솜씨)을 이루는 것이 아니라, 관객의 감성과 지성에 자극을 주는 '일련의 숏들'을 만드는 것이죠. 쿠엔틴 타란티노와 〈저수지의 개들〉(1992)부터 함께 한 에디터 샐리 멘케는 "편집이란 관객이 이야기 속에 감정을 이입하게 만드는 것"이라고 말합니다. 이것은 감독들도 원하는 바인데요, 마틴 스코시즈는 "내가 에디터에게 원하는 건, 영화의 정서적 충격과 등장인물의 감정을 따라가는 일"이라고 말합니다. 조지 루카스는 아예 "편집은 시와 같다. 리듬과 시각적인 요소가 있는 시"라고, 편집의 예술적 가치를 평가합니다.

편집의 궁극적 목적은 결국 관객의 마음을 뒤흔드는 것이고, 그것은 어떤 면에서 보면 '예술적 조작'이라고 할 수 있습니다. 스필버그와 작업하며 〈레이더스〉(1981) 〈쉰들러 리스트〉(1993) 〈라이언 일병 구하기〉(1998)로 세 개의 오스카 트로피를 가져간 에디터 마이클 칸은 이렇게 말합니다. "편집은 조작이다. 편집자는 관객이 특정한 형태로 반응하기를 원하기 때문에 영화 속의 현실을 조작한다. 그것이 웃음이든 한숨이든 공포든, 결국 모든 것이 조작이다." 그리고 그 조작이 얼마나 잘되었느냐에 따라, 걸작이 되느냐 범작에 그치느냐가 가늠되겠지요.

II. 디렉터와 에디터

1. 에디터라는 존재

영화 매체에서 에디터, 즉 편집자는 어떤 존재일까요? 이에 대한 흥미로운 영화가 한 편 있습니다. 엘리아 카잔 감독의 마지막 영화 〈라스트 타이쿤〉(1976)인데요, 스콧 피츠제럴드의 소설을 해롤드 핀터가 각색한 작품으로 로버트 드니로가 할리우드 황금기인 1930년대의 촉망 받는 영화 제작자로 등장합니다. 그가 맡은 몬로 스타라는 캐릭터는, 당시 업계 거물이었던 어빙 탤버그가 실제 모델이었다고 하는데요, 영화 속엔 스튜디오 간부들을 위한 내부 시사 장면이 있습니다. 그런데 시사회가 끝나고, 에디터가 상영 중에 사망한 것이 발견

<라스트 타이쿤>의 한 장면. 에디터는 시사회 도중 숨을 거둔다.

됩니다. 시사회까지 편집을 마치느라 과로한 그는, 자신이 마지막으로 편집한 영화가 돌아가고 있는 자그마한 상영관에서 숨을 거둔 거죠. 이때 어느 직원이 간부에게 이야기합니다. "아마도 에디터는 상영을 방해하고 싶지 않았던 것 같습니다." 이 장면에 대해, <라스트 타이쿤>을 편집했던 리처드 마크스는 "영화의 편집 과정을 묘사한 멋진 은유"라며, "편집자는 침묵하는 익명의 존재"라고 표현합니다.

할리우드에서, 아니 영화의 역사를 아우르더라도, 과거에 에디터는 그런 존재였습니다. 스튜디오의 컨베이어벨트 같은 시스템 속에서 영화가 만들어지던 시기, 에디터는 전면에 나설 일이 전혀 없는, 공정의 한 부분을 맡고 있는 부품이었습니다. 이 시기 여성 편집자들이 많았던 건, 영화계에서 편집을 뜨개질 같은 일이라고 여겼기 때문이죠. 안 좋은 부분을 잘라내고 좋은 부분만 잇는 기계적인 작업을 수행하는 게 에디터의 임무였습니다. 남성 중심적인 영화계에서, 연출이나 제작이나 시나리오 집필 같은 창조적인 파트는 남성들이 독차지하고 남은 자리를 여성들에게 주었던 겁니다. 그게 바로 편집이었죠.

하지만 조금씩 크리에이티브를 발휘하는 사람들이 등장합니다. 할리우드의 1920~30년대에 거의 유일한 여성 감독이었던 도로시 애즈너는 에디터 출신이었습니다. 편집 일을 하다가 영화에 눈을 뜨게 되었고, 이후 메가폰을 잡게 되었죠. 이 시기 전설적인 에디터는 마거릿 부스였는데요, 앞에서 언급한 어빙 탤버그에 의해 발탁되어 MGM에서 30년 동안 일했고, 1978년에 아카데미 공로상을 수상했던 인물입니다. 부스는 아마도 최초로 에디터의 중요성을 자각한 인물일 텐데요, "영화의 속도를 맞추는 건 편집자의 책임이다. 배우의 최상의 연기를 뽑아내는 것 역시 편집자의 책임이다. 영화를 최대한 잘 만드는 것도 편집자의 책임"이라는 말 속엔 많은 의미가 함축되어 있습니다. 특히 부스는 최대한 숏을 자르는 것이 최선이라는 철학을 가지고 있었습니다. "장면이 연결되든 안 되든, 편집이 필요할 것 같으면 잘라라. 감정을 잘라서 나눌 수 있다면, 그렇게 함으로써 얻는 이득이 더 많다."

에디터 출신 감독들이 등장하기도 했습니다. 가장 대표적

할리우드 스튜디오 시기, 전설적인 에디터였던 마거릿 부스

인 사람은 오슨 웰즈의 〈시민 케인〉(1941)의 편집을 맡았던 로버트 와이즈입니다. 당시 웰즈는 와이즈의 편집 아이디어와 작업 방식에 굉장히 만족했다고 하는데요, 이 영화가 보여주는 인상적인 편집 이후 그는 감독이 되어 〈웨스트 사이드 스토리〉(1961), 〈사운드 오브 뮤직〉(1965) 등을 연출했습니다. 영국의 거장 데이비드 린도 1930년대 영국에서 명성을 떨치던 에디터였습니다. 『편집에 대하여』(On Film Editing)라는 책을 썼던 에드워드 드미트릭 감독은 10년 가까이 편집을 하다가 감독이 되었습니다. 그는 메가폰을 잡은 후에도 여전히 편집 작업을 했는데요, 레오 맥커레이의 〈러브 어페어〉(1939)나 빌리 와일더의 〈뜨거운 것이 좋아〉(1939) 등이 그의

손끝에서 태어났습니다. 노먼 주이슨 감독의 〈밤의 열기 속으로〉(1967)로 오스카 편집상을 수상했던 할 애슈비는 이후 감독이 되어 〈해롤드와 모드〉(1971) 〈귀향〉(1978) 등의 수작을 내놓았습니다. 이외에도 〈바그다드의 도적〉(1924)의 라울 월쉬 감독은 D.W. 그리피스의 〈국가의 탄생〉(1915)의 편집을 했던 사람이고요. 큐브릭 영화 전문 에디터였던 앤서니 하비, 〈황야의 7인〉(1960)을 연출한 존 스터지스 등이 에디터 출신입니다.

2. 감독의 구원자, 에디터

할리우드 스튜디오 시스템 안에서 감독은 편집권이 없었고, 에디터는 프로듀서와 함께 일하곤 했습니다. 하지만 이 시스템이 서서히 무너지면서 에디터는 감독과 밀접한 존재가 됩니다. 영화 제작 단계마다 감독에겐 중요한 파트너가 계속 바뀝니다. 전체 과정에선 프로듀서겠죠. 제작 전반을 함께 의논하니까요. 촬영 전인 프리 프로덕션 때는 시나리오 작가 혹은 연출부 스태프가 감독과 가장 가깝게 일해야 할 겁니다. 촬영 현장에선 촬영감독과 감독의 시너지가 중요하고요. 후반 작업 기간엔 단연 에디터입니다. 컴퓨터그래픽이나 사운드 믹싱 같은 작업도 이뤄지지만, 그 중심은 에디터입니다.

감독과 함께 영화에 들어갈 모든 요소를 조절하는 오퍼레이터이니까요.

편집에 대한 위대한 비전을 지닌 감독들도 있었습니다. 세르게이 에이젠슈타인, 앨프레드 히치콕, 스탠리 큐브릭, 오슨 웰즈 등은 영화사에 길이 남을 편집 미학을 창조한 아티스트들이었죠. 하지만 많은 감독들은 단짝 에디터를 통해 명장면을 만들어냅니다. 프랜시스 포드 코폴라에겐 월터 머치나 배리 몰킨이 있었죠. 몰킨은 〈대부 2〉(1974)를, 머치는 〈지옥의 묵시록〉(1979)을 편집했습니다. 뉴욕대학교(NYU)에서 편집을 가르치기도 했던 마틴 스코시즈였지만, 델마 슌메이커라는 걸출한 에디터가 있었기에 〈성난 황소〉(1980) 〈애비에이터〉(2004) 〈디파티드〉(2006) 같은, 편집의 교과서 같은 작품들이 나올 수 있었습니다. 이 세 편으로 슌메이커는 세 개의 오스카 트로피를 가져갔고요. 우디 앨런은 〈맨해튼〉(1979)부터 20년 동안 자신의 영화를 모두 수전 E. 모스에게 맡겼습니다. 박찬욱 감독도 김상범, 김재범이라는 형제 에디터와 〈공동경비구역 JSA〉(2000)부터 함께 했습니다.

감독에게 에디터의 존재는 종종 절대적입니다. 감독이 놓치고 지나가는 많은 것들을 에디터가 찾아내고 놀랍게 연결해내기 때문이죠. 〈여인의 향기〉(1992), 〈트루 로맨스〉(1993) 등을 편집했던 마이클 트로닉은 "편집은 마술이다. 미리 의도하지 않았지만 영화에 잘 어울리는 뭔가를 발견하게 되는 마술"

이라고 말하는데요, 종종 감독들은 현장에서 자신이 무엇을 찍었는지 세세하게 모르는 경우들이 있습니다. 이때 현장과 무관한 에디터가 객관적인 눈으로, 감독과는 다른 관점에서 영화를 재구성하는 거죠. 〈적 그리고 사랑 이야기〉(1989)로 유명한 폴 마주르스키 감독은 "촬영 중에는 스토리를 바꾸지 않지만 편집 중에는 가끔씩 스토리를 바꾼다"고 말하는데요, 시나리오대로 촬영하지만 편집을 통해 새로운 방식으로 이야기가 전개될 수 있다는 이야기입니다. 때론 시나리오 단계에선 모두 필요하다고 여겨졌던 이야기들이 실제적인 편집을 하다 보면 군더더기로 느껴져서 삭제되기도 하죠. 마주르스키 감독이 "지금까지 내가 만든 모든 작품은 30분씩은 잘려 나갔다"고 말하는 건 그런 이유입니다.

편집에 의해 배우의 연기가 개선되는 경우도 부지기수입니다. 폴 버호벤 감독은 "〈원초적 본능〉(1991)에서 샤론 스톤이 보여준 연기는 사실상 에디터인 프랭크 J. 유리오스테가 만든 것"이라고 말할 정도죠. 연기가 미진한 부분은 잘라내고, 적절한 리액션 숏을 붙임으로써 배우의 연기가 훨씬 더 훌륭하게 보이도록 만든 겁니다. 배우만 혜택을 입는 건 아닙니다. 스필버그는 아예 "에디터는 감독에게 구원자 같은 존재"라고 말하는데요, 〈쉰들러 리스트〉에서 오스카 쉰들러(리암 니슨)와 아몬 괴트(랠프 파인즈)가 이야기를 나누는 신은, 편집실에서 팽팽한 긴장감으로 재창조된 장면이라고 말합니다. 그

〈쉰들러 리스트〉의 대화 신

장면이 지닌 감정과 호흡은 오롯이 에디터인 마이클 칸의 것이라는 거죠. "나는 항상 감독보다 더 객관적인 시각을 가진 편집자와 일한다. 에디터는 촬영장에 오지도 않고 배우를 기용하지도 않는다. 에디터는 스토리보드 작업에도, 1년 반이 넘는 프리 프로덕션 과정에도 참여하지 않는다. 에디터는 창작 과정에서 가장 객관적인 시각을 가진 사람이다." 에디터는 시나리오의 마지막 작가이자 최종 교정자인 셈입니다.

〈지옥의 묵시록〉에서 기념비적인 편집을 해냈던 편집계의 거장 월터 머치도 에디터가 지녀야 할 객관적 위치를 이야기하는데요, 그에겐 세 가지 원칙이 있다고 합니다. 촬영장에 가지 않는 것. 촬영용 의상을 입지 않은 배우를 만나지 않는 것. 그리고 촬영장에서 찍힌 이미지만 보는 것. 현장성을 최대한 배제하고, 결과물만 놓고 작업해야 관객의 눈높이를 맞출 수 있다는 의미인데요, 그런 점에서 "에디터는 화면에 드러나는 것만 보는 사람이며, 관객들을 상대로 한 일종의 민원조사관"이라고 표현합니다. 배우이자 감독인 조디 포스터는 혹여 편집에 간여할까 싶어, 배우를 절대로 편집실에 들어오지 못하게 한다고 합니다. "편집은 전적으로 에디터와 감독이 담당하는 영역"이라는 거죠. 그런 의미에서 자신의 단점을 보충해줄 수 있는, 뛰어난 에디터를 만날 수 있다는 건 감독으로선 행운입니다. 그래서 리들리 스콧은 이렇게 말했나 봅니다. "좋은 에디터를 만난다는 건, 결혼 상대자를 만나는 것만큼이나 어려운 일이다."

여기서 월터 머치는 『눈 깜빡할 사이』라는 책에서 편집의 '여섯 가지 기준'을 제시합니다. 머치의 개인적인 작업 원칙이지만, 다른 에디터들에게도 해당될 수 있는 사항처럼 보입니다. 그는 아예 여섯 가지 고려 사항을 퍼센티지로 제시하는데요, 그 비율은 다음과 같습니다. 감정 51%, 이야기 23%, 리듬 10%, 눈의 궤적 7%, 화면의 2차원성 5%, 실제의 3차원 공간 4%. 이 여섯 가지 기준을 모두 만족시키는 컷이 당연히 가장 이상적인 컷이겠죠.

이 기준들은 월터 머치가 편집 작업을 하면서 정한 우선순위인데요, 숏에 감정이 살아 있고 이야기 전개에 무리 없다면,

할리우드의 전설적 에디터 월터 머치(출처: 위키피디아)

즉 심하게 튀는 요소가 없다면, 리듬이나 시선 같은 부분이 아주 명확하게 맞아떨어지지 않아도, 공간적 연속성이나 안정성이 조금 불안해도, 그 숏을 선택해야 한다는 겁니다. 감정과 이야기 이외의 요소는 부차적이라고 보는 거죠. 이런 기준을 정하는 건, 현장에서 완벽한 숏을 만들어내기가 쉽지 않기 때문입니다. 이것이 실사 영화와 애니메이션의 차이죠. 편집하면서 숏을 고를 땐, 항상 무언가를 포기해야 합니다. 그럴 때 머치처럼 우선순위를 정해놓으면 작업이 훨씬 수월해지죠. 그리고 그의 기준은 단지 작업의 용이성을 위해 편의상 만든 것이 아니라, 그가 숏의 연결에서 가장 중요하게 여기는 요소들의 순위라고 할 수 있습니다. 가장 중요한 건 감정! 그 다음

이 이야기입니다. 사실 이 두 가지만 충족시켜도, 머치의 기준에 의하면 무려 74퍼센트의 완성도를 보이는 숏이니까요.

3. 에디터의 책임과 영역

그렇다면 에디터는 도대체 어디까지 책임져야 하는 걸까요? 감독이라는 존재가 있음에도, 에디터는 어느 영역까지 크리에이티브를 발휘할 수 있는 걸까요? 영화의 성격마다, 감독과 에디터의 성향마다, 처한 상황마다 다르겠지만, 의외로 에디터가 자신의 비전을 투영할 수 있는 여지는 넓습니다. 그만큼 책임도 크고요.

리처드 바섬은 『영화 들여다보기』(*Looking at Movies*)라는 책에서 총 7가지의 '에디터의 책무'를 이야기합니다. 첫 번째는 '연결성', 즉 각 숏 사이의 공간적, 시간적, 시각적 관계를 유지하는 것입니다. 편집에선 그 어떤 공간도, 그 어떤 시간도, 그 어떤 비주얼도 숏과 숏으로 붙일 수 있습니다. 편집이 지닌 자유죠. 하지만 여기서 관객이 혼란을 느끼면 안 됩니다. 많은 축약이 있더라도, 연속성을 느낄 수 있어야 하는 겁니다. 여기서 제인 캠피언 감독이 연출하고 베로니카 제넷이 편집한 〈피아노〉(1993)의 오프닝 시퀀스를 보죠. 스코틀랜드의 에이다(홀리 헌터)는 딸(애너 파퀸)과 함께 뉴질랜드로 가야 합

사진 1

사진 2

사진 3

사진 4

〈피아노〉의 오
프닝 시퀀스

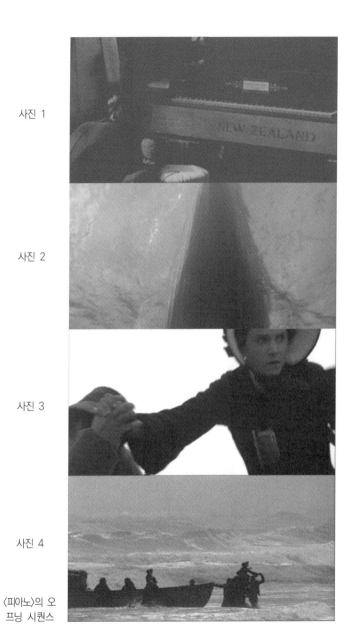

니다. 몇 달이 걸릴 수도 있는 긴 여정인데, 이 영화는 그 공간적 이동을 단지 몇 개의 숏으로 해결합니다.

스코틀랜드, 에이다의 집. 이사를 위해 피아노를 커다란 나무 상자로 포장했는데, 여기에 'NEW ZEALAND'라는 커다란 글씨가 박혀 있습니다(사진 1). 다음은 바다를 항해하는 배를 수면 아래에서 잡은 숏입니다(사진 2). 그리고 에이다가 배에서 내리는 숏(사진 3)과, 이 광경을 잡은 롱 숏(사진 4)이 이어집니다. 단 네 개의 장면으로 스코틀랜드에서 뉴질랜드로 영화는 시공간 이동을 한 것이죠(에디터 베로니카 제넷은 이 영화로 오스카 후보에 올랐습니다). 하지만 그 어떤 불편함도 느껴지지 않습니다. 오히려 여행 과정을 구구절절 보여주지 않아서 좋죠. 이처럼 에디터는 가장 효율적인 방식으로 숏을 연결하면서도 관객을 불편하게 만들면 안 됩니다.

에디터의 두 번째 책무는 '리듬'입니다. 에디터는 컷의 길이를 통해 영화가 진행되는 페이스를 조절할 수 있습니다. 특히 빠른 편집 때 에디터의 리듬 장악력은 잘 드러나는데요, 톰 티크베어 감독의 〈롤라 런〉(1998)의 시작은 전형적입니다. 롤라(프란카 포텐테)는 남자친구에게 전화를 받습니다. 20분 안에 10만 달러를 구해야 하는 상황인데요, 이때부터 롤라의 질주는 시작됩니다. 단숨에 아파트에서 거리로 뛰쳐나간 그녀는 동분서주하는데요, 여기서 시종일관 움직이는 카메라워크, 슬로 모션과 패스트 모션, 애니메이션, 다양한 앵글, 점프 컷,

〈롤라 런〉의 도입부

디졸브 등, 이후 자세히 설명드릴 다양한 화면 전환 방식이 결합됩니다. 이 영화를 편집한 마틸드 본포이는 이후 감독으로 변신해 다큐멘터리 〈시티즌 포〉(2015)로 오스카를 수상하기도 하는데요, 〈롤라 런〉에서는 뛰어난 리듬 감각을 지닌 에디터로서 역할을 다합니다.

에디터가 해야 할 세 번째 일은 '무드'를 조성하는 것입니다. 현장에서의 미술과 조명과 촬영 등을 통해 영화의 분위기가 조성된다고 생각하지만, 서스펜스나 공포를 만드는 건 대부분 에디터의 몫입니다. 네 번째는 '생략'입니다. 앞의 〈피아노〉의 사례에서 알 수 있듯, 에디터는 시간을 축약함으로써 극적 효과를 거둘 수 있습니다. 혹은 장르적 관습으로 시간적 생략을 만드는 경우도 있는데요, 코미디나 호러나 스릴러 같은 장르에서 종종 발견할 수 있습니다. 이런 상황이죠. 남녀가 다투는 장면이 있다고 치죠. 두 사람은 말싸움에 그치지 않고 주변의 사물들을 서로에게 집어던집니다. 그들의 싸움이 한참 절정에 올랐을 때 갑자기 컷이 되면서 완전히 폐허가 된 방 안을 보여줍니다. 이럴 땐 보통 남녀가 완전히 녹초가 된 상태로 방에 누워 있죠. 두 사람이 싸우는 모습을 모두 보여주지 않고 생략한 겁니다. 살인 장면에서도 종종 생략이 사용되는데요, 범죄자의 그림자가 등장한 후 컷 한 다음 희생자가 죽어 있는 모습을 보여주는 방식입니다. 이처럼 굳이 모든 것을 보여주지 않고, 갑작스레 사건의 결과를 제시하는 경우는 에디터의 재량으로 그 중간을 생략한 거라고도 볼 수 있습니다.

다섯 번째는 '분리'입니다. 여기에서 이른바 '분리 편집'(separation editing)이라는 것이 사용되는데요, 이것은 이후 설명할 숏/리버스 숏(shot/reverse shot)의 개념과도 맞물립니다. 어떤 공간에 두 명의 인물이 있다고 가정하죠. 그들을 같은 프레임 안에 있는 투 숏(two shot)으로 보여줄 수도 있고, 아니면 따로 분리해서 원 숏(one shot)으로 보여줄 수도 있습니다. 간단한 문제 같지만, 실제 편집에 들어가면 결정하기 쉬운 문제는 아닙니다. 영화 전체의 맥락과 테마를 고려해야 하기 때문이죠.

여기서 스탠리 큐브릭의 〈샤이닝〉(1980)을 한번 보죠. 웬디(셸리 듀발)는 소설가인 남편 잭(잭 니콜슨)이 쓴 원고를 발견합니다. 거기엔 "All work and no play makes Jack a dullboy"(일만 하고 놀지 않으면 바보스런 아이가 된다)라는 문장이 수없이 타이핑 되어 있습니다. 웬디는 남편이 완전히 미쳤다는 것을 알게 되는데, 이때 잭이 나타납니다(사진 1). 웬디는 야구 배트를 들고 있고(사진 2), 잭은 웬디에게 다가갑니다(사진 3). 웬디는 계단을 올라가며 잭에게 배트를 휘두릅니다(사진 4).

큐브릭은 이 신을 3주 동안 촬영했다고 하는데요, 아마도 다양한 앵글로 엄청난 양을 찍었을 겁니다. 여기서 에디터 레이 러브조이의 선택은 '분리'였습니다. 시작은 투 숏입니다. 잭은 큰 방에 있는 웬디를 보고 있습니다(사진 1). 이 장면을 보면 웬디는 완전히 잭의 영향력 아래 있는 것처럼 보입니다. 이후 러브조이는 두 사람을 한 프레임 안에 넣지 않습니다. 철저히 분리해서 보여주는데요, 이 방식은 긴장감을 극도로 끌어올립니다. 그리고 계단에 올라가면 다시 투 숏이 되는데(사진 4), 이번엔 잭이 웬디의 영향력 안에 있는 것처럼 보입니다. 관계의 역전이고 힘의 이동이죠. 그리고 결국 잭은 웬디가 휘두른 배트에 맞고 계단에서 굴러 떨어집니다. 에디터인 러브조이는 두 개의 투 숏과 그 사이에서 계속되었던 분리 편집을 통해, 두 사람 사이의 역학 관계 변화를 제시하고 동시

사진 1

사진 2

사진 3

사진 4

레이 러브조이 편집, 스탠리 큐브릭 연출의 〈샤이닝〉 계단 신

〈샤이닝〉의 계단 신

에 극적인 고조를 함께 이루는 셈입니다.

　에디터의 여섯 번째 책임 영역은 '패턴'입니다. 에디터는 강조와 충격을 위해 패턴을 만들고 또 깨트릴 수가 있습니다. 일단 세르지오 레오네 감독의 〈옛날 옛적 서부에서〉(1968)의 오프닝 시퀀스를 한번 보시죠. 황야의 기차 역. 세 악당이 누군가를 기다리고 있는 것 같습니다. 여기서 이탈리아 편집계의 전설인 니노 바라글리는 세 인물을 중심으로, 떨어지는 물과 삐걱거리는 풍차와 앵앵거리는 파리 등의 사운드 요소를 통해, 대사 없이 '느린 시간의 흐름'이라는 패턴을 만들어냅니다. 그런데 이 패턴은 기적 소리를 내며 갑자기 등장한 기차로 인해 깨집니다. 그리곤 하모니카 맨(찰스 브론슨)이 등장해 전광석화 같은 대결이 이뤄집니다. 그러곤 다시 기차가 등장하기 전의 패턴으로 돌아갑니다. 이 시퀀스는 에디터가 단순한 기능인이 아니라 엄연한 예술가임을 보여줍니다. 한정된 요소를 이용해 시적이며 강렬한 감정을 자아내는 편집을 보여줍니다. 이 신은 에디터의 마지막 영역인 '완만한 드러냄'(slow disclosure)과도 연결됩니다. 섬세한 에디터에 의해 편집된 영화와 장면을 보면, 처음부터 무턱대고 드러내지 않습

〈옛날 옛적 서부에서〉 오프닝 시퀀스

니다. 뭔가를 숨기고 가다가 탁 터트리고, 또 무엇인가를 숨
깁니다. 클라이맥스의 순간을 위해 에디팅의 에너지를 응축
한다고 할 수 있죠. 방금 보신 〈옛날 옛적 서부에서〉는 좋은
예입니다. 긴 시간 동안 느린 페이스로 응축된 편집의 흐름은
서부의 사나이들이 서로 총질을 해대는 짧은 신을 위한 밑밥
같은 것이었죠. 이처럼 에디터는 완급과 함께 관객에게 전달
되는 정보도 함께 조절할 수 있고, 또 해야 합니다.

III. 편집의 역사

1. 편집의 탄생

뤼미에르 형제나 토머스 에디슨이 영화라는 매체를 처음 대중에게 공개했을 때, 사실 그들은 자신들의 발명품에 대해 비관적이었습니다. 일상에서 흔히 접하는 광경들을 기록한 것을 얼마나 사람들이 보겠느냐고 생각했던 거죠. 처음엔 신기한 구경거리 정도로 여기겠지만, 곧 관심이 떠날 거라고 봤습니다. 그들은 자신들이 만든 게 무엇인지 제대로 인식하지 못한 것이었죠. 특히 편집이라는 기능은 전혀 염두에 두지 못했습니다.

에디터 월터 머치는 "영화가 성공할 수 있는 발판은 편집의 발명"이라고 단언하는데요, 이건 진리입니다. 편집을 통해 비로소 영화는 '이야기'를 만들어낼 수 있었거든요. 최초의 영화들은, 고정된 카메라에서 통 안의 필름이 소진될 때까지 찍었습니다. 영화 현장에서 흔히 "액션!" "컷!" 사인에 의해 배우가 연기를 시작하고 멈추는데요, 이것은 감독이 원하는 그 어떤 액션만을 촬영하겠다는 의미입니다. 하지만 당시는 감독이라는 존재 자체가 없었고, 카메라맨은 어떤 액션을 원해서 카메라를 돌리지 않았습니다. 그냥 하나의 숏을 기록했고, 그것이 곧 한 편의 영화가 되었죠.

하지만 곧 편집이 등장합니다. 아래의 두 영상을 비교해보시기 바랍니다. 뤼미에르 형제가 1895년에 공개한 〈열차의 도착〉과, 7년 후 조르주 멜리어스가 내놓은 〈달세계 여행〉(1902)입니다. 10년도 안 되는 기간 동안, 영화라는 엔터테인먼트는 정말 눈부시게 발전합니다. 보시면 〈열차의 도착〉은 하나의 숏입니다. 러닝타임이 45초 정도 되는데, 아마도 필름이 다 되었나 봅니다. 〈달세계 여행〉은 12분 50초 정도 되는데 약 30개의 숏으로 이뤄져 있습니다. 숏이 연결됨으로써 이야기가 가능해졌고요. 무성영화지만 그림만으로도 충분히 그

〈열차의 도착〉

〈달세계 여행〉

내용을 알 수 있습니다.

멜리어스는 숏의 연결에 대해선 알았지만, 그 문법에 대해
선 몰랐습니다. 그러니까 〈달세계 여행〉은 마치 연극 무대의
연속처럼 보입니다. 카메라와 피사체 사이의 거리는 정해져
있고, 일련의 상황들이 이어질 뿐입니다. 하지만 멜리어스의
영화들은 편집에 대해 중요한 사실을 암시합니다. 편집은 눈
속임이라는 걸, 의도했는지 안 했는지는 모르지만, 그의 영화
들은 보여줍니다. 마틴 스코시즈의 〈휴고〉(2011)를 보면 잘
알 수 있듯, 멜리어스는 마술사였습니다. 그는 시간이 생략되
고 공간이 이동되는 '시공간의 조작'을 관객이 눈치 채지 못하

게 감쪽같이 해내는 작업을 즐겼습니다. 이른바 '트릭 필름' (trick film)이죠. 그는 영화를 마술의 일종이라고 생각했으니까요.

그가 만든 〈살아 있는 카드〉(1902)라는 영화에선 멜리에스 특유의 편집 스타일이 있습니다. 여기서 그는 커다란 카드의 퀸 그림이 실제 사람으로 바뀌는 마술을 보여줍니다. 이 영화는 마치 편집 없이 한 숏으로 이뤄진 것처럼 보입니다. 맞습니다. 이 영화는 필름을 이어 붙이진 않았습니다. 하지만 편집이 존재합니다. 어떻게 가능하냐고요? 바로 '인-카메라 에디팅'(in-camera editing)입니다. 이때만 해도 멜리어스는 〈달세계 여행〉 같은 영화를 만들기 전이었습니다. 필름을 편집실에서 붙인다는 개념이 없던 거죠. 대신 촬영을 하다가 카메라를 잠깐 멈추고 피사체를 바꾸어 이어서 촬영하는 방식을 사용합니다. 말 그대로, 카메라 안에서 편집이 이뤄지는 거죠. 하지만 멜리어스가 트릭 필름에 열중하던 시절, 대서양 건너편에선 편집의 혁신이 일어납니다. 바로 에드윈 포터의 등장이죠.

〈살아 있는 카드〉

2. 에드윈 포터

에디슨의 조수였던 에드윈 포터는 장면을 나눔으로써 이야기를 창조할 수 있다는 걸 처음으로 알아낸 사람입니다. 〈미국 소방수의 삶〉(1903)은 그런 점에서 기억할 만합니다. 러닝타임 6분인 이 영화는 소방수가 화재 현장에 출동해 사람들을 구한다는 내용입니다. 이 영화는 총 9개의 숏으로 구성되었는데요, 첫 번째 숏부터 일곱 번째 숏까지는 멜리어스의 〈달세계 여행〉과 크게 다르지 않습니다. 두 번째 숏에서 화재 경보기를 클로즈업으로 삽입한 게 조금 이례적이긴 하지만, 화재가 나자 소방수들이 출동해 현장에 도착하는 과정을 시간 순서대로 연결했습니다. 하지만 여덟 번째 숏과 아홉 번째 숏 사이에서 편집의 대혁신이 일어납니다. 건물 내부와 외부를 보여주는 숏들인데요, 같은 시간대의 다른 공간을 함께 붙인 거죠. 바로 '교차 편집'(cross cutting)의 탄생입니다.

아마 이런 편집은, 당시로서는 새로우면서도 말도 안 되는 거라고 여겼을지도 모릅니다. 어떻게 같은 시간에 다른 장소에서 일어난 일을 동시에 다룰 수 있지? 에드윈 포터는 그것이 가능하다고 생각했던 거죠. 1년 후 포터가 만든 〈대열차 강도〉(1903)은 한층 더 발전한 교차 편집의 테크닉을 보여줍니다. 이처럼 교차 편집이 완성되면서, 이른바 '고전적 편집'(classical editing)의 초석이 마련됩니다. 사건을 설정하고

에드윈 포터의 〈미국 소방수의 삶〉 총 9개의 숏

그것을 해결하는 과정에서 영화적 통일성, 즉 시작과 중간과 끝이라는 구조를 만들어낼 수 있게 된 거죠. 영화가 어떤 이야기를 전달하는, 가장 명확하고 균질한 구조가 개발된 셈입니다. 이런 진일보한 편집 방식에 대해 H. 켄트 웹스터라는 당대의 평론가는 "장면이나 숏나 영화의 부분들을 조화로운 전체로 묶어 주고 혼합하는, 섬세하고 알아보기 힘든 실 혹은 그물망"이라고 표현합니다. 여기서 중요한 건 '알아보기 힘든'

〈대열차 강도〉

이라는 표현인데요, 고전적 편집의 가장 중요한 조건은, 편집
이 일어나고 있다는 것을 관객이 최대한 느낄 수 없게 감추는
것이었습니다.

　'교차 편집'으로 인해 촉발된 편집 테크닉의 발전은 대단한
영향력을 보여주었습니다. 영화가 단편에서 장편화 되면서
편집은 점점 부드러우면서도 정교해졌고요. 지금 우리가 보
고 있는 상업영화의 편집 문법들은 이때부터 1920년대까지
사반세기 정도 되는 기간 안에 거의 다 완성되었다고 해도 과
언은 아닙니다. 이른바 '연속 편집'(continuity editing)의 시작
인데요, 간단히 말하면 영화가 편집을 통해 관객들에게 시간
과 공간의 연속성을 자연스럽게 인식시켰다는 겁니다. 사실
영화는 수많은 공간과 긴 시간(전기 영화의 경우 수십 년)을
두 시간의 러닝 타임 안에 가둡니다. 그럴 경우 우린 시공간
의 도약을 경험해야 하는데요, 그 충격을 완화시키고 전혀 어
색하지 않게 만드는 것이 바로 연속 편집입니다. 영화라는 예
술은 탄생 초기에, 시공간의 흐름에 대한 고유의 흐름을 만들
어낸 것이죠. 이것은 다른 예술엔 없는 영화만의 미학입니다.

3. D.W. 그리피스

포터가 길을 닦았다면, D.W. 그리피스는 그 위에 집을 지었습니다. 그는 포터가 단편 영화에서 실험한 교차 편집을 장편 영화에 적용해 좀 더 박진감 있게 다듬었습니다. 관객이 등장인물의 '감정'에 이입할 수 있는 영화사상 최초의 작품이 바로 그리피스의 멜로드라마였고, 그는 클로즈업을 효율적인 수단으로 사용한 최초의 감독이었습니다.

논란의 〈국가의 탄생〉(1915) KKK 장면을 보겠습니다. 이 장면은 최근 영화라고 봐도 무방할 만큼 뛰어난 교차 편집 솜씨를 보여주는 동시에, 그 악랄한 인종주의 때문에 비난을 받았던 신입니다. 흑인들이 백인 가족을 공격하는 가운데, KKK가 그 현장으로 달려옵니다. 백인 가족을 구하기 위해서죠. 결국 KKK는 흑인들을 소탕하고 백인 가족을 구합니다. 사실 조금 난감한데요, 내용상 매우 불편하지만 이 장면의 테크닉만큼은 당대 최고였습니다. 이 시기 그리피스는 장장 3시간 15분에 달하는 러닝타임을 완벽한 편집 기술로 봉합시키는데요, 이 영화의 성과는 전 세계적인 영향을 미쳤습니다.

〈국가의 탄생〉 KKK 장면

여기서 그리피스는 또 하나의 시도를 합니다. 바로 '평행 편집'(parallel editing)입니다. 종종 교차 편집과 평행 편집을 혼동하는 경우가 있는데요, 5장에서 더욱 자세히 설명하겠지만, 간단히 말하면 핵심은 시간대입니다. 교차 편집은 동시간대에 다른 공간에서 일어나는 일을 병치시키는 겁니다. 위기에 처한 백인 가정 내부, 집 외부 흑인들의 위협, 달려오는 KKK. 이 세 공간에서 일어나는 사건들은 모두 같은 시간대에 맞물려 있습니다. 반면 평행 편집은 다른 공간에서 일어나는, 다른 시간대의 사건들을 연결시킵니다. 크게 봐서 교차 편집을 평행 편집에 포함시키기도 하는데요, 구분하자면 동시간대인지 아닌지에 따라 구분됩니다.

평행 편집의 레전드가 된 작품은 바로 〈인톨러런스〉(1916)입니다. 이 영화에서 그리피스는 고대 바빌론 시대, 예수 그리스도의 시대, 16세기 프랑스의 성 바르톨로메이 축일 학살, 그리고 당대의 미국 등 네 개의 시대를 오갑니다. '불관용'(intolerance)라는 테마를 중심으로, 모순적이며 폭력적이었던 역사의 순간들을 연결시킨 거죠. 이 거대한 에픽은 탄생한 지 20년밖에 되지 않은 영화라는 예술이 얼마나 빠른 시간 안에 대중 엔터테인먼트의 스케일을 갖춤과 동시에, 다른 예술과 구분되는 나름의 문법을 지녔는지 보여줍니다.

에드윈 포터(왼쪽)와 D.W. 그리피스(오른쪽). 두 사람은 '연속 편집'의 테크닉을 확립했다.

포터와 그리피스에 의해 이야기의 흐름이 끊기지 않고 부드럽게 흘러가는, 마치 장인의 솜씨로 교묘하게 꿰맨 솔기처럼 그 이음새가 잘 보이지 않는 '연속 편집'이 확립되었습니다. 그들은 장면과 장면 사이에 편집이 되었다는 걸 최대한 가려서, 결과적으로는 관객들이 영화를 본다는 사실을 망각하고 빠져들게 만든 것이었죠. 그러면서 연속 편집 스타일이 확립됩니다. 그 일반적 법칙들 다음과 같습니다.

1. 연속 편집은 화면 위에서 일어나는 일을 우리가 잘 알아볼 수 있도록 한다.
2. 액션은 화면의 중심부에서 일어난다.

3. 조명은 숏 안에서 균질하게 지속된다.

4. 시간, 공간, 인과 관계 등은 숏이 이어지면서 계속 유지
되어야 한다.

5. 숏과 숏 사이의 그래픽, 리듬 등도 지속된다.

6. 숏의 종류에 따라 리듬은 변한다.

7. 스크린 디렉션은 계속 유지된다.

종합하면 "숏 사이에 시공간이 이어지는 리드미컬한 편집"
이라 할 수 있는데요, '스크린 디렉션'(screen direction)에 대
해서는 4장에서 자세히 다루겠습니다. 그리고 여기서 '내용
곡선'(content curve)이라는 개념이 생겨납니다. 평론가 레이
먼드 스포티우드가 제시한 숏의 길이와 관련한 용어인데요,
편집을 할 때 에디터는 도대체 어디서 어느 정도의 길이로 숏
을 끊어야 하는 걸까요? '내용 곡선' 이론에 의하면, 숏의 길이
는 카메라와 피사체 사이의 거리에 비례합니다. 즉 롱 숏일수
록 숏의 길이는 길어야 합니다. 카메라가 피사체에서 멀리 떨
어지면, 일반적으로 화면 안에 담기는 정보가 많아지니까요.
그 정보들을 다 받아들이려면 숏의 길이가 어느 정도는 길어
야겠죠. 그런데 마냥 친절해선 안 됩니다. 10초 정도면 충분
히 화면 속의 정보를 받아들일 수 있는 숏을 15초까지 끌었다
면, 숏의 후반부 5초는 단순한 잉여가 아니라 관객에게 지루
함을 주는 마이너스 요소로 작용합니다.

편집은 한 숏 안에서 관객에게 전달되는 정보의 최대치를 이해할 수 있는 정점에서 이뤄져야 합니다. 그 정점 이후의 커팅은 지루하고 괜히 시간을 끈다는 느낌을 주니까요. 반면 10초가 필요한 숏인데 5초에 끊어 버리면 관객은 영화에 동조할 충분한 시간을 빼앗기는 거겠죠. 단지 카메라와 피사체 사이의 거리만 중요한 게 아닙니다. 미장센이 복잡한 영화일 경우 숏의 길이가 좀 더 길어야 합니다. 우리가 예술 영화나 작가 영화에 지루함을 느끼는 덴 여러 이유가 있지만, 이런 종류의 영화들은 미장센에 많은 공을 들이고, 그 결과 편집 호흡이 느려지기 때문이기도 합니다.

4. 세르게이 에이젠슈타인

포터와 그리피스가 연속 편집을 완성했다면, 대서양 건너 유럽에선 그 반대 작업이 이뤄지고 있었습니다. 연속 편집이 있다면 당연히 '불연속 편집'(discontinuity editing)도 존재하는 법! 연속 편집의 기준이 '이야기'였다면, 불연속 편집은 "다른 것을 기준으로 숏과 숏을 붙일 순 없을까?"라는 질문을 던집니다. 특정한 리듬에 따라 숏을 붙일 순 없을까? 인간의 무의식을 편집에 반영할 순 없을까? 이 시기 유럽엔 표현주의, 다다이즘, 초현실주의, 큐비즘 등 '리얼리티'라는 것에 회의하는 다양한 예술 사조들이 등장했고 이런 흐름은 영화에도 영향을 주었습니다.

몽타주(montage) 이론으로 유명한 러시아의 세르게이 에이젠슈타인도 그들 중 한 명이었습니다. 부드럽게 넘어가는 것이 연속 편집의 모토였다면, 그의 몽타주는 숏과 숏이 충돌하는 것입니다. 일단 〈전함 포템킨〉(1925)의 그 유명한 오뎃사 계단 장면을 보시죠. 전반부는 고요하지만 중반부터, 즉 계단 장면부터 그 진면목이 드러납니다. 앞에선 본 〈국가의 탄생〉 장면과 비교해 보면, 두 클립 모두 긴박한 상황을 보여주지만 그 목적이 다릅니다. 〈국가의 탄생〉의 교차 편집이 '이야기 전개'를 위한 것이라면, 〈전함 포템킨〉의 몽타주는 '강렬한 효과'를 노립니다. 에이젠슈타인은 변증법에 입각해, 숏 A와 숏 B를 맞붙여 놓으면 관객들은 AB가 아닌 C라는 새로운 의미를 창조적으로 받아들인다고 믿었습니다. 말 그대로 '정반합'(正反合)인 셈이죠.

몽타주에 대한 더 자세한 이야기는 6장에서 하기로 하고, 당시 에이젠슈타인의 몽타주와 함께 유럽을 대표했던 '불연속 편집' 영화 한 편을 더 소개하겠습니다. 바로 초현실주의 거장

〈전함 포템킨〉 오뎃사 계단 신

〈안달루시아의 개〉(1929)

인 루이스 부뉴엘과 살바도르 달리가 만든 영화 〈안달루시아의 개〉인데요, 아마도 영화사상 가장 유명한 단편영화가 아닐까 싶습니다. 이 영화는 연속 편집이 지닌 세계관, 즉 세상을 타당하고 그럴 듯한 연속성의 법칙으로 보여주는 것에 대항합니다. 기승전결 같은 건 없고, 논리와 인과성도 없죠. 무의식을 반영한, 부르주아의 가치를 비웃는 듯한 이 영화에서 숏이 연결되는 방식은 〈전함 포템킨〉보다 훨씬 더 파격적입니다. 이 영화는 숏이 연결되는 '구성' 방식보다는, '숏 그 자체'가 지닌 이미지에 집중합니다.

이처럼 1930년이 되기 전에, 영화사는 연속 편집과 불연속 편집의 대립을 보여줍니다. 어쩌면 영화의 역사라는 건, 이 상반된 편집 방식의 투쟁일지도 모르겠습니다. 이것은 거칠게 말하면 영화의 상업성과 예술성의 대립이고, 주류와 비주류의 대립이고, 메이저와 마이너의 대립이고, 대중성과 독립성의 대립이기도 하죠. 전자에 해당하는 영화들은 관객을 영화관의 의자에 점점 더 깊숙하게 파묻히게 하는, 편집의 이음새를 들키지 않는, 위협적이지 않고 안락한 엔터테인먼트입니다. 반면 후자에 속하는 영화들은 "영화는 편집의 연속"이

세르게이 에이젠슈타인(왼쪽)과 루이스 부뉴엘(오른쪽). 두 사람에 의해 불연속 편집의 역사가 시작되었다.

라는 걸 끊임없이 환기시킵니다. 그러면서 관객을 공격하고 자극해서, 의식적으로 영화를 보게 만듭니다.

　하지만 전자와 후자를 극과 극이라고 생각해선 안 됩니다. 사실 영화의 촬영은 본질적으로 불연속적입니다. 편집될 상태를 모두 염두에 두고 촬영하는 사람은, 히치콕이나 에이젠슈타인 같은 천재를 제외하면 거의 없습니다. 월터 머치의 말처럼 "영화란 불연속적으로 촬영해 연속적으로 보이게 만드는 것"입니다. 영화 현장에서 조각조각 촬영된 장면들을 모아 각 컷들이 지닌 단점을 극복하고, 그 장점을 극대화시킨 후 나름의 콘셉트로 편집한 것이 영화라 할 수 있으니까요.

5. 프랑스의 누벨 바그

1920~30년대 할리우드는 스튜디오 시스템으로 황금기를 맞았고, 유럽에서도 다양한 미학적 실험이 일어납니다. 레니 리펜슈탈의 〈의지의 승리〉(1934)로 대표되는 프로파간다 영화의 편집 스타일이 확립된 것도 이 시기입니다. 이후 2차 세계대전이 일어나고 1945년 전쟁이 끝나자 세계 영화는 새로운 국면에 접어듭니다. 할리우드엔 리얼리즘과 느와르가 등장했고, 유럽에선 이탈리아의 네오리얼리즘을 필두로 각국에서 '뉴 시네마'가 시작됩니다.

프랑스의 '누벨 바그'는 결정적이었습니다. 1950년대 말부터 장 뤽 고다르, 프랑수아 트뤼포, 알랭 레네 등 수많은 젊은 감독들이 서사와 스타일에서 파격적인 실험을 했습니다. 특히 고다르는 편집의 혁신을 이루었는데, '점프 컷'(jump cut)이 대표적이죠. 당시 누벨 바그 감독들은 시네마테크에서 할리우드 장르 영화에 심취해 있었는데요, 고다르는 할리우드 고전 영화의 영화 문법을 토대로 그것을 어기고 변형시킵니다. 점프 컷도 마찬가지입니다. 고다르의 아이디어는 간단했습니다. 편집할 때 필요 없고 재미도 못 느끼는 부분은 과감히 잘라낸 겁니다. 중간에 툭툭 튀는 느낌이 들더라도 말이죠. 이런 편집은 요즘엔 매우 보편적으로 사용되지만, 당시로선 비상식적이면서도 진정 기발한 것이었습니다. 〈네 멋대로 해

〈네 멋대로 해라〉
중 자동차 신

라〉(1959)에서 미셸(장 폴 벨몽도)과 패트리샤(진 세버그)가 자동차를 타고 가는 장면을 보죠. 두 사람이 대화를 나누는데, 대사가 없는 부분은 툭툭 잘라냈습니다. 아마 당시 관객들은 영사기에 뭔가 문제가 있다고 생각했을 겁니다.

고다르는 점프 컷을 통해, 할리우드 고전 편집 스타일이 오랜 기간 연마한 '보이지 않는 편집'에 정면 도전합니다. 법칙을 어기는 것이 법칙이 된 셈이죠. 점프 컷 외에도, 〈네 멋대로 해라〉는 여러 방식으로 일반 극영화의 관습을 어깁니다. 다음 보실 영화는 고다르의 〈미치광이 피에로〉(1965)의 한 장면인데요, 숏의 순서를 유심히 보시길 바랍니다.

집에 악당이 쳐들어오자 남녀 주인공은 집 밖으로 나가 자동차를 타고 도망갑니다. 그런데 여기서 고다르 감독은 시간 순서를 뒤섞습니다. 제대로 된 순서라면 집에서 악당을 처치한 남녀는 총을 챙겨 옥상에 올라가 망을 본 후 차를 타고 도

〈미치광이 피에로〉 도주 신

로를 달려 도망가야 합니다. 그런데 고다르는 이 순서를 뒤섞고 그 위에 남녀 주인공의 대사를 내레이션처럼 흘립니다. 이런 편집은, 숏의 배열이 조금만 바뀌어도 이야기를 받아들이는 관객들은 혼란을 느낀다는 걸 보여줍니다. 할리우드의 고전 편집이 그 혼란을 피하기 위해 연속 편집이라는 걸 발명했다면, 고다르는 〈미치광이 피에로〉에서 애써 그 체계를 흔들어 편집의 메커니즘을 드러내는 거죠. 이 신은 마치 "영화라는 건 모두 편집의 조작"이라고 폭로하는 듯합니다.

　누벨 바그의 감독들은 전통적인 편집 테크닉에 실험적 요소를 도입했습니다. 이러한 작업을 통해 관객이 영화의 이미지와 사운드에서 의미를 끌어내는 걸 돕고 싶었던 건지도 모릅니다. 〈네 멋대로 해라〉와 같은 해에 나온 알랭 레네 감독의 〈히로시마, 내 사랑〉(1959)의 한 장면을 보죠. 레네 감독은 주인공(엠마누엘 리바)의

편집 작업 중인 장 뤽 고다르

〈히로시마, 내 사랑〉의 연인 신

의식의 흐름을 따라 시공간을 자유롭게 넘나드는 편집을 보여줍니다. 이 장면에서 그녀는 잠든 일본인 연인을 보고 있습니다. 이때 숏은 갑자기 죽은 과거 연인의 모습으로 이어집니다. 주인공의 의식을 바탕으로 '손'이라는 모티프를 통해 시간(현재-과거)과 공간(일본-독일)을 단숨에 뛰어넘는 편집인 셈이죠.

6. 포스트 고전 편집

할리우드에서도 변화가 생깁니다. 데이비드 보드웰은 1960년 이후 할리우드가 '포스트 고전'(post classical) 시대에 접어들었다고 보는데요, 편집의 관점에서 바라보면 1960년대 말 이른바 '아메리칸 뉴 시네마'가 분기점이었습니다. 아서 펜 감독의 〈우리에게 내일은 없다〉(1967)에서 디디 앨런이 클라이맥스에서 보여준 숏의 연결은 '할리우드 최초의 반역적 편집'이라 할 만하죠. 그 속도감은 할리우드 고전 스타일의 친절하고 유장한 느낌과는 사뭇 다릅니다. 샘 페킨파 감독이 〈와일드 번치〉(1969)의 총격전에서 보여준 액션 편집은 이후 오우삼의 〈영웅본색〉(1986)에도 영향을 주는데요, 에디터 루 롬바르디는 슬로 모션과 빠른 편집을 섞어 스펙터클을 만들어냅니다. 〈이지 라이더〉(1969) 같은 영화는 아방가르드 실험 영화에서 사용되던 편집 방식도 도입합니다. 〈졸업〉(1967)의 재치 있는 편집도 빼놓을 수 없을 겁니다. 1960년대 말부터 시작된 미국의 뉴 시네마는, 편집의 변화에서 가장 먼저 감지되었던 셈입니다. 아래 두 영화의 클립을 보시면, 그 속도감에 놀라실 겁니다.

이후 할리우드 영화 편집에 가장 큰 영향을 준 건 MTV입니다. 1980년대 이른바 'MTV 스타일'이라는 영화들이 등장하기 시작했죠. 통계에 의하면 할리우드 고전기인 1930년대 숏의 평균 길이가 8~11초였는데, 1970년대엔 5~8초로 줄었다고 합니다. 그리고 1980년대에 접어들면, 전형적인 'MTV 스타일' 영화인 〈탑 건〉(1986) 같은 영화에선 3~4초로 줄어듭니다. 뮤직비디오의 현란한 편집이 영화에도 영향을 미친 셈인데요,

〈우리에겐 내일은 없다〉의 클라이맥스

〈와일드 번치〉의 총격 신

〈탑 건〉의 비치발리볼 신

이는 이후 할리우드 블록버스터에 큰 영향을 미칩니다.

　여기엔 제리 브룩하이머와 지금은 고인이 된 돈 심슨이 큰 역할을 했습니다. '하이 콘셉트'(high concept) 영화의 선구자로 일컬어지는 두 프로듀서 콤비는 관객들이 어떤 스타일의 영화를 원하는지 리서치를 했고, MTV 방식이 대안이라는 결론을 내립니다. 그러면서 CF 감독 출신인 애드리언 라인과 토니 스콧을 기용해 〈플래시 댄스〉(1983)와 〈탑 건〉을 제작합니다. 이 영화들은 "장편 극영화 길이의 뮤직비디오"라는 평가를 들었을 정도로, 할리우드에 MTV 스타일을 본격적으로 접목시킨 영화들이었죠. 〈탑 건〉의 비치발리볼 장면을 한번 보시죠. 경쾌한 록 뮤직과 함께 빠른 편집과 멋진 남자들이 결합된 이 신은, 영화에서 뚝 떼어 MTV에서 방영하면 그냥 한 편의 뮤직비디오라고 해도 무방합니다.

흥미로운 건 MTV는 단지 편집 테크닉에만 영향을 미친 게 아니라는 점입니다. 이야기에도 큰 영향을 미쳤습니다. 구구절절 설명하고 보여주었던 고전적 편집 스타일이 사라지면서, 할리우드 영화의 내러티브는 일관성과 연속성을 서서히 상실합니다. 기승전결로 직진하는 스토리텔링 스타일이 힘을 잃은 거죠. 대신 한 편의 영화 안에 여러 개의 스토리가 들어갈 수 있게 되었습니다. 전체적으로 큰 이야기 안에 액션 플롯, 스릴러 플롯, 로맨스 플롯 등이 결합될 수 있게 된 것이죠. 1980년대 이후 하이브리드 장르 영화가 번성할 수 있었던 건 어쩌면 MTV의 영향일 수도 있는데요, 어쩌면 이건 역으로 관객의 성향이 변했기에 영화도 변한 거라고 할 수 있죠.

이 부분에 대해 쿠엔틴 타란티노가 〈펄프 픽션〉(1994)을 만든 후 했던 이야기가 있습니다. 아시다시피 〈펄프 픽션〉은 직선적인 이야기 전개 구조를 파괴하고, 시간대가 뒤섞이는 비약적 편집 방식을 사용한 작품이죠. 타란티노는 이런 스타일에 대해 "시대정신"이라는 표현을 씁니다. 현대의 관객들은 동시에 다양한 시간대의 이야기를, 마치 TV의 채널을 돌리며 시청하듯 한꺼번에 받아들이며 조각난 이야기들을 이어서 하나로 파악한다는 것이죠. 진행되다가 잠깐 멈춰서 여러 갈래로 쪼개지고 그 갈래들이 서로 영향을 주는 방식의 스토리 방식. 이것은 TV 문화가 영화 편집에 끼친 가장 큰 영향일지도 모르겠습니다. 그리고 이후 디지털 테크놀로지가 등장하면서,

편집 과정에서 프레임 안의 요소를 추가하거나 삭제할 수도 있고, 프리 비주얼 단계에서 미리 편집을 할 수도 있고, 디지털 캐릭터가 등장하는 등 에디터의 선택 폭은 훨씬 더 넓어지게 됩니다.

IV. 두 개의 법칙

1. 180도 법칙

'3장 편집의 역사'에서 연속 편집에 대해 이야기하면서 '스크린 디렉션'(screen direction)을 잠깐 언급했는데요, 좀 더 자세히 살펴보겠습니다. 이것은 편집실뿐만 아니라 촬영 현장에서도 중요한 개념입니다. '스크린 디렉션'은 화면에서 피사체 움직임의 방향성을 지칭하는 용어입니다. 프레임 안에서 피사체 움직임의 일정한 방향성을 유지하여 연속성을 확보하는 것이 편집의 원칙입니다. 쉽게 말하면 이런 겁니다. A라는 인물이 왼쪽에서 오른쪽으로 달려가는 숏이 있습니다. 여기에 이어지는 숏에선 B라는 사람이 역시 왼쪽에서 오른쪽으로 달려가고 있습니다. 그렇다면 우린 B가 A를 쫓고 있다고 생각합니다. 이런 예도 가능합니다. 한 인물이 화면 오른쪽으로 걸어나갔다면, 다음 숏의 공간에선 왼쪽으로 등장해야 합니다. 그래야 방향성이 이어지는 거죠. 지극히 상식적인 이야기입니다.

스크린은 기본적으로 2차원 공간이고, 그런 면에서 연극과 유사합니다. 실제로 영화사 초기, 프랑스의 필름 다르(Film D'Art)라는 영화사가 만든 작품은 연극 무대를 그대로 촬영한 것이었습니다. 앞에서 열두 번째 열 중앙에 카메라를 고정 시켜놓고 무대를 찍었던 거죠. 전통적인 프로시니엄 아치 무대, 즉 막 뒤 180도는 보이지 않고 막 앞 180도만 보이는 무대를 찍었습니다. 이때 막 뒤로 사라진 인물이 오른쪽으로 다시 들어오면, 무대 공간 밖으로 나갔다가 다시 들어오는 거라고 여겼습니다. 이런 전통 위에서 생겨난 것이 바로 스크린 디렉션입니다. 관객에게 방향 감각을 만들어주고, 영화의 액션이 일어나는 공간을 혼동하지 않게 규정하는 것이죠.

아래 동영상은 〈블레이드 러너〉(1982)에서 데커드(해리슨 포드)가 리플리컨트인 프리스(대릴 해너)를 잡으러 간 장면입

〈블레이드 러너〉의 스크린 디렉션 위반

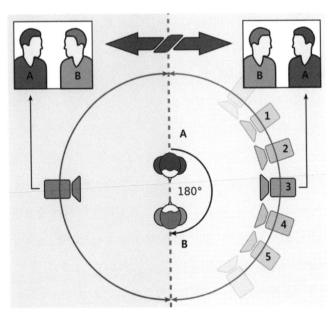

스크린 디렉션과 180도 법칙(출처: 위키피디아)

니다. 총을 들고 왼쪽에서 오른쪽으로 걸어가던 그는 프리스
가 있는 공간으로 들어간 다음 숏에선 오른쪽에서 왼쪽으로
걷습니다. 숏의 사이즈가 바뀌어서 티 나게 인식되진 않지만,
이런 연결은 스크린 디렉션을 어긴 것입니다. 카메라의 위치
가 반대편으로 넘어간 것이지요.

　위의 그림은 촬영 현장에서 마주보고 있는 두 사람을 위에
서 바라본 것입니다. 여기서 카메라가 가운데 점선을 기준으
로 오른쪽에 있다면, 그 위치가 어디더라도 두 사람이 화면에

〈샤이닝〉의 180도 법칙 위반

잡히는 위치는 '인물 A'는 오른쪽, '인물 B'는 왼쪽입니다. 그
런데 카메라가 점선 건너편으로 넘어가면 '인물 A'와 '인물 B'
의 위치가 바뀝니다. '인물 A'는 왼쪽, '인물 B'는 오른쪽에 오
게 되는 거죠. 그럴 경우, 관객은 갑자기 좌우가 바뀐 두 사람
의 위치 때문에 혼란을 겪게 됩니다.

전통적인 영화 문법에선 카메라가 두 인물의 한쪽에만 있
습니다. 이것이 바로 '180도 법칙'(180 degree rule) 혹은 '180
도 시스템'(180 degree system)입니다. 그리고 두 인물 사이
의 점선은 '가상선'(imaginary line) 혹은 '액션 축'(axis of
action) 혹은 '센터 라인'(center line)이라고 합니다. "카메라
는 가상선을 넘어가지 않는다"는 것이 180도 법칙이며, 많은
영화에서 촬영은 물론 편집에서도 이 철칙을 준수합니다. 만
약 가상선을 넘어가면, 두 사람의 좌우가 바뀌죠. 사진은 〈샤
이닝〉의 장면들인데, 카메라가 두 인물 사이의 가상선을 넘어
갈 때의 효과를 잘 보여줍니다.

〈파프리카〉에서 180도 법칙에 대해 설명하는 장면

    만약 두 인물이 움직이게 되면 가상선도 계속 움직이게 되고, 그 상황에서 180도 법칙을 깨지 않으려면 카메라도 함께 움직여야겠죠. 인물이 움직이는데 카메라가 가만히 있으면, 잘못하면 가상선 건너편에 카메라가 위치하게 됩니다. 흥미롭게도 180도 법칙에 대해 설명하는 영화가 있습니다. 바로 곤 사토시의 애니메이션 〈파프리카〉(2006)인데요, 여기서 파프리카는 코나카와에게 "180도 라인이 무엇"인지 묻고 코나카와는 이렇게 대답합니다. "그건 카메라 앞에서 피사체 사이의 가상선인데, 카메라가 이 선을 넘으면, 컷의 연결이 어색해지지? 그래서 이렇게 할 수밖에 없어."

    그런데 이 180도 법칙이라는 게 언제나 지켜지는 건 아닙니다. 오즈 야스지로나 장 뤽 고다르를 비롯, 왕가위나 워쇼

〈도쿄 이야기〉의 180도 법칙 파괴

스키 남매까지 수많은 감독들이 이 법칙에서 벗어나 대안적
인 편집을 보여줍니다. 스탠리 큐브릭이나 라스 폰 트리에도
그랬고요. 위 동영상을 한번 보시기 바랍니다. 오즈 야스지로
의 〈도쿄 이야기〉(1953)인데요, 그는 180도가 아닌 360도의
공간을 사용하고 있습니다. 이런 방식은 오즈의 영화에서 종
종 발견되는데요, 가족이 모여 앉아 있는 구도에서 자연스레
가상선을 넘어갑니다. 180도 법칙은 그것이 정립되던 시기부
터 몇몇 감독들에 의해 위반되었고, 이후 일반적인 법칙으로
통용되었지만 절대적인 그 무엇은 아니었습니다.

2. 30도 법칙

다시 180도 법칙에 대한 앞의 그림을 봐 주시길 바랍니다.
오른쪽의 180도 부분에 1~5번의 카메라 위치가 있습니다.
180도 공간 안에만 있으면 그 어디에서 찍어도 상관없다는 뜻
인데요, 여기에 법칙 하나가 더 있습니다. 카메라의 각도가 30
도 이하로 변하면, 즉 1번 카메라 각도에서 찍은 숏 다음에 2

번 카메라 각도에서 찍은 숏이 붙으면 점프 컷이 발생합니다. 즉 화면이 튄다는 거죠. 1번 카메라 위치에서 찍은 숏 다음에 붙이려는 숏은, 3~5번 카메라에서 찍은 것이어야 합니다. 연결되는 두 숏 사이엔 최소한 30도 이상의 각도 변화가 있어야 하는 거죠.

30도 법칙은 그 원칙을 어긴 편집을 보면 어떤 의미인지 확실해지는데요, 보실 클립은 〈킬 빌-1부〉(2003)에서 브라이드(우마 서먼)와 오렌 이시이(루시 리우)가 눈 내리는 정원에서 칼싸움을 하는 장면입니다. 여기서 카메라는 롱 숏으로 두 사람의 대결을 바라보는데요, 클립에선 한 번의 컷이 일어납니다. 그런데 카메라가 30도 이하의 각도로 움직인 숏을 이어 붙이는 바람에 화면이 튀는 듯한 느낌을 줍니다.

30도 법칙에 대해 월터 머치는 그의 책 『눈 깜빡할 사이』에서 이렇게 이야기합니다. "우리가 (어떤 편집을) 받아들이는 데 어려움을 겪는 것은 차이가 미묘하지도 완전하지도 않을 때이다. 예를 들어 배우의 전신을 보여주는 숏에서 약간 좁은, 발목 위부터 보여주는 숏으로 넘어간다고 하자. 이때 그 새 숏은 뭔가가 바뀌었다는 것을 느낄 만큼의 차이는 있지만, 새

〈킬 빌-1부〉 30도 법칙 위반 신

로운 상황으로 받아들일 만큼 차이는 없다. 다시 말해, 이미지의 변화는 움직임도 아니고 상황의 전환도 아니다. 그리고 이 두 관념의 충돌은 일종의 정신적 삐걱거림—튐(jump)—을 초래한다." 머치의 말은 편집에서 매우 중요합니다. 숏의 연결은 연속성이 중요하지만, 그렇다고 해서 비슷한 사이즈와 앵글의 숏을 연결하면 부자연스러워집니다. 그렇다면 여기서 점프 컷에 대해 좀 더 알아보겠습니다.

3. 점프 컷

장 뤽 고다르 이전에도 점프 컷은 그것이 실수든 의도든 존재했지만, 그 의미와 효과를 명확히 알았던 사람은 고다르가 최초입니다. 그는 의도적으로 연속 편집 체계를 깨서, 그 이데올로기를 폭로하려 했습니다. 그러한 목적을 위해 다양한 테크닉이 사용되었는데요, 그중 하나가 '점프 컷'(jump cut)이었죠. 3장의 〈네 멋대로 해라〉 클립을 참조하십시오.

점프 컷은 액션의 즉각적인 진전을 보여주는 숏 연결 방식입니다. 갑작스럽고, 그런 만큼 비논리적인 면도 있죠. 어떤 액션의 흐름을 방해하고, 시공간적인 불연속성을 만들어냅니다. 쉽게 말하면 툭툭 튀는 듯한 편집이고, 어렵게 말하면 '분리적 접합'이죠. 〈여고괴담〉(1998)의 그 유명한 복도

〈여고괴담〉 복도 신

신을 떠올리시면 될 겁니다. 깊은 심도의 이 장면에서, 카메라의 앵글은 바뀌지 않고 인물만 카메라 앞으로 다가옵니다. 여기서 이 영화는 인물이 앞으로 걸어오거나 달려오는 식의 방식이 아니라, 급작스러운 점프 컷으로 관객의 비명을 자아냅니다.

점프 컷은 관객이 액션에 빠져드는 게 아니라, 개별 숏 안에서 액션 그 자체가 어떻게 묘사되는지 관심을 갖게 합니다. 관객과 액션 사이에 어떤 거리를 만든다고 할 수 있죠. 때론 영화의 매우 중요한 장치로 사용될 때도 있습니다. 알렝 레네 감독의 〈지난해 마리엥바드에서〉(1961)는 과거와 현재의 구분이 매우 모호한 영화인데요, 여기서 점프 컷은 그런 내러티브를 전달하는 적절한 테크닉으로 사용됩니다. 〈이터널 선샤인〉(2004)은 인간의 기억 속으로 들어가는데요, 기억이라는 것이 지닌 파편성이 점프 컷을 통해 표현됩니다. 아래 클립은 유명한 눈밭 신입니다. 여기서 조엘(짐 캐리)과 클레멘타인 (케이트 윈슬렛)은 하얀 눈 위를 뒹굴며 장난을 칩니다. 이 대목은 점프 컷으로 표현되어 있는데요, 그럼으로써 툭툭 튀는 '액션 그 자체'가 강조되고, 한편으로는 이것이 기억의 세계라는 걸 암시합니다. 이처럼 점프 컷은 무의미하게 남용될 때보다, 영화의 내용이나 테마와 긴밀한 관계를 지닐 때 훨씬 더 인상적입니다. 요즘은 그저 하나의 스타일로서 너무 무분별하게 사용된다는 느낌도 들지만요.

V. 스토리텔링과 편집

1. 설정 숏

영화 편집을 이야기할 때 '마스터 숏'(master shot)과 '커버리지 숏'(coverage shot) 개념은 매우 중요합니다. 영화에서 마스터 숏을 찍는다고 하면, 보통 카메라를 고정시킨 후 똑같은 앵글과 각도로 하나의 공간에서 일어나는 사건을 컷 없이 찍습니다. 좀 더 구체적으로 말하면, 사건이 일어나는 공간적 배경의 분위기와 연기를 하고 있는 인물(들)의 전신을 담은 롱 숏이라 할 수 있습니다. 연극의 한 토막을 롱 테이크로 찍은 거라고 보셔도 됩니다.

하지만 이 숏만으로 영화를 만들 수는 없습니다. 너무 지루

할 테니까요. 게다가 인물의 표정 같은 디테일을 전하기엔, 롱 숏은 부적합합니다. 그래서 인물이 대사를 할 땐 클로즈업이나 바스트 숏 같은 사이즈로 찍는데요, 이것을 커버리지 숏이라고 합니다. 마스터 숏과는 다른 앵글과 사이즈로 찍은, 다양한 숏들이죠. 그래서 마스터 숏과 커버리지 숏을 적절히 섞어 편집을 하게 됩니다. 마스터 숏은 전체적인 공간감을, 커버리지 숏은 강조하고 싶은 디테일을 책임지는 셈이죠. 〈간디〉(1982)로 유명한 리처드 어텐보로 감독은 "난 영화를 만들 때 마스터 숏으로 시작해서 마스터 숏으로 끝내려고 한다. 그리고 마스터 숏으로 할 수 없는 것을 따져본다"고 말하는데요, 그는 숏을 구성할 때 전체를 중심으로 부분을 채워나가는 방식을 강력하게 선호했습니다. 아마도 그가, 전체적인 상황을 제시하는 마스터 숏을 많이 써야 하는 역사 영화나 전기 영화를 주로 만들었기 때문이겠죠.

여기서 '설정 숏'(establishing shot)이란 개념이 생깁니다. 사실 마스터 숏과 유사한 개념인데요, 그 기능을 좀 더 강조한 용어입니다. 설정 숏은 한 신이 일어날 공간을 관객에게 미리 제시하는, 일종의 '지도 같은 숏'인 셈입니다. 할리우드 고전 영화는 이 개념에 입각한 공간의 연속성 개념에 충실했죠. 아래는 『영화 경험』에서 예로 든 하워드 혹스의 〈빅 슬립〉(1946)입니다. 사립 탐정인 필립 말로우(험프리 보가트)가 스턴우드 장군(찰스 월드론)의 집을 방문하는 장면입니다. 말로우는 스

〈빅 슬립〉 온실 신

턴우드가 있는 온실로 안내되고 그곳에서 그들은 대화를 나눕니다.

첫 번째 숏은 온실의 전체적인 공간을 보여주는 설정 숏입니다. 롱 숏으로 중앙의 스턴우드 장군과 오른쪽에 앉은 말로우 탐정 그리고 왼쪽에서 술을 따르는 하인을 보여줍니다. 두 번째 숏은 첫 번째 숏에서 하인만 빠진, 스턴우드와 말로우만 따로 트리밍한 듯한 커버리지 숏입니다. 카메라가 좀 더 다가간 바스트 숏 정도의 사이즈입니다. 이후 대화가 이어지면서 그 내용이 깊어질수록 두 인물에 대한 커버리지 숏들의 사이즈가 커집니다. 배우의 표정이라는 디테일을 더 살리기 위한 것이죠. 대화가 끝나자 다시 시작으로 돌아갑니다. 마지막 여덟 번째 숏은 다시 롱 숏으로 빠지면서, 자리에서 일어나 술을 따르는 필립 말로우를 보여줍니다. 신의 중간에 설정 숏 기능을 하는, 이른바 '재설정 숏'(re-establishing shot)입니다. 이처럼 설정 숏/마스터 숏과 커버리지 숏으로 이야기를 이끌어가는 방식은 가장 기초적인 편집 기법 중 하나라고 할 수 있습니다.

〈빅 슬립〉의 온실 신

2. 인서트, 컷어웨이

설정 숏에 대해 이야기하다 보면 '인서트'(insert)와 '컷어웨이'(cutaway) 개념이 연결됩니다. 이 두 숏은 비슷한 것 같으면서도 약간 차이가 있습니다. 예를 들어 보죠. 마라토너에 대한 영화가 있다고 해봅시다. 이때 힘든 상황을 강조하기 위해, 달리는 마라토너의 땀 흘리는 얼굴을 클로즈업으로 찍어 연결할 수 있습니다. 이것은 인서트입니다. 메인 숏이나 액션의 일부를 더 확대하여 이어 붙이는 숏입니다. 일반적으로 인서트는 강조하고 싶은 부분의 클로즈업으로 종종 사용되죠. 마치 위의 〈빅 슬립〉에서, 설정 숏을 보여준 후 숏이 연결되면서 말로우 탐정의 클로즈업을 보여주는 것과도 유사합니다.

여기서 마라토너를 응원하는 사람들의 숏을 이어 붙이면 컷어웨이가 됩니다. 여기서 핵심은 메인 액션과의 관련성입니다. 인서트로 사용된 '땀 흘리는 마라토너의 얼굴 클로즈업'은 이 신의 메인 액션인 '마라토너의 달리기'와 직접적인 연관성이 있습니다. 하지만 응원하는 사람들의 모습은 그렇지 않습니다. 간접적이죠. 메인 액션이 벌어지는 공간인 마라톤 코스와도 무관하고요. 응원하는 사람들은 길 밖에 서 있을 테니까요. 하지만 분위기 묘사를 위해, 메인 액션과 간접적 관계인 그들의 모습을 집어넣은 겁니다. 컷어웨이는 중심이 되는 숏에 대한 보충 설명 같은 겁니다. 그리고 일반적으로 응원하는 사람들의 컷어웨이 숏 다음에 다시 마라토너의 모습을 담은 숏으로 돌아갑니다. 이것을 '컷 백'(cut back)이라고 하죠. 마라토너의 모습만 보여주면 단조로울 수 있는 신이, 이런 컷어웨이를 통해 좀 더 풍성해진 셈입니다.

보실 클립은 존 랜디스 감독의 〈런던의 늑대인간〉(1981)에 나오는 유명한 변신 장면입니다. 컴퓨터그래픽 없이 특수효과만으로 만들어낸, 당시로선 혁신적인 신이었죠. 보름달이 뜬 밤, 주인공은 늑대인간으로 변합니다. 이때 주인공의 눈 클로즈업 등이 인서트로 사용되는데요, 흥미로운 건 갑자기 등장한 미키마우스 인형입니다. 메인 액션과 무관한, 하지만 퍽퍽할 수 있는 변신 장면에 묘한 유머의 느낌을 주는 컷어웨이죠. 컷어웨이는 다양한 방식으로 응용되는데요, 〈블레이드 러너〉의 유니콘 신도 일종의 컷어웨이입니다. 집에 돌아와 누운 데커드는 깜빡 잠이 듭니다. 이때 그는 유니콘의 꿈을 꾸는데요, 이처럼 꿈 장면은 종종 컷어웨이로 영화에서 사용되곤 합니다.

〈런던의 늑대인간〉 변신 신

〈블레이드 러너〉 유니콘 신

3. 교차 편집과 평행 편집

교차 편집과 평행 편집에 대해선 앞의 3장에서 에드윈 포터와 D.W. 그리피스를 이야기하며 자세히 설명했습니다. 다시 말씀드리면, 두 개 이상의 공간에서 일어나는 일을 이어 붙인다는 점에서 두 편집 스타일은 공통점을 지닙니다. 하지만 다른 점은, 교차 편집은 동시간대에 일어나는 일을 교차시키는 것인 반면 평행 편집은 시간대가 달라도 무방하다는 것입니다. 교차 편집은 인접한 사건이나 행위를 연결하는 것이고, 평행 편집은 이야기를 기준으로 두 개 이상의 서사가 병렬된다고 보면 됩니다.

크리스토퍼 놀란 감독의 〈인셉션〉(2010)은 교차 편집의 교과서이자, 가장 기본적인 편집 테크닉이라도 사용하는 사람에 따라 혁신적으로 보일 수 있다는 걸 증명한 작품입니다. '꿈 속'과 '꿈 속의 꿈'과 '꿈 속의 꿈 속의 꿈'에서 동시에 일어나는 일은, 시간 감각이 물리적으로 다르다는 설정과 함께 긴박하게 교차하며 전개됩니다. 교차 편집과 평행 편집을 이야기할 때 빼놓을 수 없는 영화 중 하나가 〈양들이 침묵〉(1991)입니다. FBI 대원들은 버팔로 빌(테드 레빈)을 검거하기 위해 어느 집을 포위합니다. 여기서 집 밖과 집 안의 교차 편집이 일어납니다. 이때 관객들은 가슴을 졸이게 되죠. 드디어 FBI가 집 안으로 들어가는데, 알고 보니 빈집이었습니다. 조너선

〈양들이 침묵〉에서 열연한 조디 포스터

드미 감독은 편집을 통해 관객을 감쪽같이 속인 거죠. 교차 편집인 줄 알았는데 알고 보니 평행 편집이었던 겁니다. FBI 은 엉뚱한 집에서 작전을 펼치고 있었고, 실제로 버팔로 빌의 집 초인종을 누른 사람은 FBI 대원이 아니라 클라리스(조디 포스터)였던 겁니다. 다른 시간대에 일어나고 있는 집 안팎의 상황을 마치 동시간대의 교차 편집처럼 이어 붙인 겁니다.

마지막으로 소개할 영화는 프랜시스 코폴라 감독의 〈대부〉(1971)입니다. 이 영화의 세례 신은 영화의 클라이맥스이 자 편집의 교과서 같은 대목입니다. 조카의 세례식에서 마이클(알 파치노)은 대부가 됩니다. 여기서 코폴라 감독은 이 성스러운 의식에 마이클의 처절한 복수 장면을 결합합니다. 엘

〈양들의 침묵〉
평행 편집 신

〈대부〉
세례 신

리베이터, 마사지 숍, 엘리베이터, 호텔 방, 계단 등 총 다섯 군데에서 코르레오네 패밀리는 적들을 제거하는데요, 그 잔혹한 살인의 현장은 거룩한 종교 의식과 평행 편집으로 연결됩니다.

4. 매치 컷

시공간의 연속성을 강조하는 것이 고전적 편집 문법이라면, 조금은 추상적인 방식으로 이뤄지는 숏의 연결도 있습니다. '매치 컷'(match cut)이 그런데요, 일반적으로 세 종류로 나뉩니다. 가장 먼저 '매치 온 액션'(match on action)이 있습니다. 이 방식은 영화에서 수없이 많이 사용됩니다. 어떤 사람이 문을 열고 밖으로 나간다고 할 때, '숏 A'는 실내에서 손잡이를 잡고 있는 모습이고 '숏 B'는 문을 열고 밖으로 나간 모습입니다. 사실 그 사이엔 구체적으로 손잡이를 돌리는 모습이 생략되어 있죠. 하지만 '숏 A'와 '숏 B'를 붙였을 때 이질감은 없습니다.

카 액션에서 엄청난 속도로 달리는 자동차가 급하게 좌회전하는 장면이 있다고 하죠. '숏 A'는 좌회전 직전에 약간 왼쪽으로 차체를 튼 자동차를, '숏 B'는 좌회전을 한 후 왼쪽 도로로 막 접어든 자동차를 보여줍니다. 그 사이에 정작 좌회전을 하는 모습이 없어도, 우린 두 숏을 붙여놓았을 때 거의 어색함을 느끼지 않습니다. 이처럼 매치 온 액션 편집은 '움직임'이라는 요소를 통해 숏을 연결시킵니다. 그 사이에 생략이 이뤄져도 점프 컷으로 여겨지지 않는 건, 움직임이라는 요소가 계속 이어지기 때문이죠. 아래는 매치 온 액션의 예시 영상입니다. 계단을 올라가는 모습인데요, 이런 방식의 숏 연결은 영화에서 정말 많죠.

매치 컷에서 가장 흥미로운 건 '그래픽 매치 컷'(graphic match cut)입니다. 두 숏 사이에 유사한 비주얼 요소를 고리 삼아 연결하는 것이죠. 모양, 부피, 색채, 선, 패턴 등 그 어떤 시각적 요소도 매치 컷의 대상이 될 수 있습니다. 일단 전설의 매치 컷 하나를 이야기하죠. 바로 스탠리 큐브릭의 〈2001: 스페이스 오딧세이〉(1968)입니다. 원시 인류 장면에서 유인원들이 다투다가 공중으로 던진 동물 뼈는 갑자기, 역시 길쭉한 모양의 우주선으로 매치 컷이 됩니다. 수만 년의 세월을 뛰어넘은 거대한 스케일의 매치 컷이죠. 앨프레드 히

〈2001: 스페이스 오딧세이〉의 한 장면

치콕의 〈싸이코〉(1960)의 그 유명한 샤워실 신에서도 배수구와 죽은 마리온 크레인(재닛 리)의 눈동자가 '원형'이라는 시각적 모티프로 연결됩니다.

보통 매치 컷이라고 할 땐 대부분 그래픽 매치 컷을 이야기하는 경우가 많은데요, 정말 다양한 방식으로 변주되어 영화에서 재치 있는 컷으로 사용됩니다. 코미디 영화에서도 애용되고요. 그리고 영화의 오프닝 시퀀스에서도 종종 이용되는데요, '007' 시리즈가 대표적입니다. 거의 실험 영화에 가까운, 인상적인 그래픽 매치 컷의 연속입니다.

'시선'을 매개로 숏이 연결되는 '아이라인 매치'(eyeline

매치 온 액션

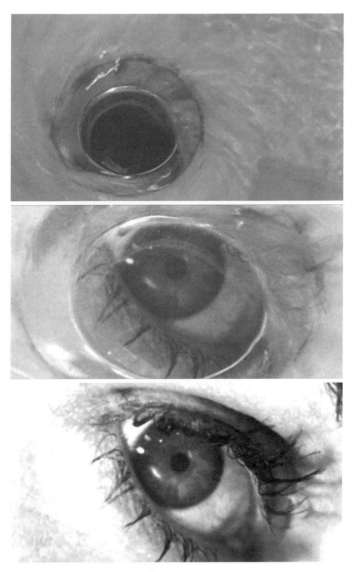

〈싸이코〉의 샤워실 신. 살인이 끝나고 배수구와 마리온의 눈동자는 디졸브를 통해 매치 컷이 된다.

〈2001: 스페이스
오딧세이〉 매치 컷

〈007 스카이폴〉
오프닝 크레디트

match)도 중요한 편집 방식입니다. 영화를 보는 관객은 캐릭
터가 보려고 하는 걸 보고 싶어 합니다. 화면 밖으로 시선을
둔 캐릭터가 무엇인가를 보고 있다면, 관객은 그 대상이 무엇
인지 궁금한 거죠. 그래서 다음 숏에 캐릭터가 보고 있는 다
른 캐릭터나 사물이 등장합니다. 두 명 이상의 인물들이 시선
을 교환하기도 하고요. 이럴 경우엔 서로 시선의 방향이 맞아
야 합니다. 누군가가 올려다보면 상대는 내려다봐야 하고, 오
른쪽을 보고 말하는 사람이 있으면 다음 숏엔 왼쪽을 보고 말
하는 사람이 등장해야 합니다. 아래 클립은 〈스타워즈 에피소
드 1: 보이지 않는 위험〉(1999)에서 오비완 케노비(이완 맥그
리거)와 다스 몰(레이 파크)의 대결입니다. 두 인물 사이뿐만
아니라, 케노비와 라이트세이버 사이에도 아이라인 매치가
일어납니다.

　'사운드 브리지'(sound bridge)도 매치 컷에 포함시킬
수 있을 것 같습니다. 예를 들면 이런 겁니다. A라는 방에서
누군가가 문을 세게 닫습니다. 그 다음 숏에선 멀리 떨어진 B

라는 방에서 다른 누군가가 잠에서 깨어납니다. 사실 두 숏
사이엔 시공간적 연결성이나 인과 관계가 없습니다. 하지만
두 숏 사이에 '쾅' 하는 문 닫는 소리를 넣어주면, 아주 자연스
럽게 연결됩니다. 마치 문 닫는 소리에 잠에서 깨어난 것 같
은 인과 관계마저 형성되죠. 이것이 사운드 브릿지의 힘인데
요, 셜리 클라크 같은 감독은 이렇게 이야기합니다. "조화되
지 않는 두 개의 컷을 조화시키고 싶을 때 소리를 넣으면 착각
을 일으킬 정도로 잘 맞는 듯이 생각된다."

5. 숏/리버스 숏

앞에서 언급한 '아이라인 매치'에 의해 발생하는 숏 연결 방
식 중 하나가 바로 '숏/리버스 숏'(shot/reverse shot)입니다.
일반적으로 대화 장면에서 사용되는데요, 아이라인 매치에
의해 연결되는 숏들 사이에서 두 사람이 대화를 하는 거죠.
이럴 경우 카메라의 위치는 크게 보면 둘 중 하나입니다. A와
B가 이야기를 나눈다고 가정하죠. 이때 이야기하는 사람의

얼굴만 잡는 방식이 있습니다. 다른 하나는 '오버 더 숄더 숏' (over the shoulder shot)입니다. 번역하면 '어깨 걸어 찍기'인데요, A가 B에게 말할 때, 카메라의 위치가 듣는 사람인 B 뒤로 가는 겁니다. 그럴 경우 카메라엔 B의 어깨가 걸리게 됩니다. B가 A에게 말할 땐 카메라에 A의 어깨가 걸리게 되고요. 다음 페이지 사진은 미카엘 하네케의 〈아무르〉(2012)에서 노부부인 조르주(장 루이 트랭니낭)과 안느(엠마누엘 리바)의 숏인데요, 포스터 이미지로도 사용된 이 두 이미지는 정확히 오버 더 숄더 숏을 보여줍니다.

더 자세한 예를 위해 〈제리 맥과이어〉(1996)의 한 장면을 보겠습니다. 제리 맥과이어(톰 크루즈)와 도로시 보이드(르네 젤위거)가 공항에서 우연히 만나는 장면입니다. 도로시는 아들 로이(조너선 립니키)가 없어져 찾느라 분주하고, 이때 맥과이어가 나타나 도움을 줍니다. 도로시는 직장 상사였던, 하지만 지금은 회사를 그만둔 제리의 등장에 조금은 당황한 기색이군요. 처음 두 사람의 대화는 오버 더 숄더 숏으로 이뤄집니다. 전형적인 숏/리버스 숏이죠. 화면에 듣는 사람과 말하는 사람이 모두 잡힙니다. 이후 맥과이어의 도움으로 로이를 찾는데(이때 잠깐 컷어웨이가 됩니다), 이후 두 사람 사이의 숏/리버스 숏은 오버 더 숄더 숏이 아닙니다. 두 사람의 얼굴 클로즈업으로 이어지죠. 이것은 좀 더 가까워진 두 사람의 관계를 의미하는 것일 수도 있는데요, 중간에 꼬마 로이와 제

〈아무르〉의 오버 더 숄더 숏

리 사이의 숏/리버스 숏도 잠깐 등장합니다. 세 사람이 가족
이 될 수도 있다는 걸, 편집을 통해 영화 초반부부터 암시하는
것일지도 모르겠네요. 또 하나의 클립은 〈스파이더맨〉(2002)

〈제리 맥과이어〉
공항 신

 〈스파이더맨〉
거울 신

에서 노먼 오스본(윌렘 데포)가 자신의 또 다른 자아인 그린 고블린과 대화하는 장면입니다. 거울을 사용하는데요, 숏/리버스 숏의 좋은 변주라고 할 수 있습니다.

6. POV(시점) 편집

'아이라인 매치'와 관련된 또 하나의 편집 방식이 바로 'POV 편집'입니다. POV가 '시점'(point-of-view)의 약자이니, '시점 편집'이라고 표현해도 되겠네요. 사실 시점은 편집보다는 촬영에서 더 중요한 개념일 수 있습니다. 특히 요즘처럼 카메라가 점점 가벼워지고 있는 상황에서, 인물이 실제로 보는 시점과 유사한 앵글의 장면들도 촬영이 가능해졌습니다. '고프로'(GoPro) 같은 장비가 있으니까요.

편집에서 POV는 매우 자주 사용됩니다. 어떤 인물이 무엇인가를 바라볼 때 다음 장면에 그 대상이 이어지면, 일반적으로 POV 편집이라 할 수 있겠죠. 하지만 종종 POV의 문제를 매우 중요하게 여겨서 편집의 중요한 모티브로 사용하는 영화들도 있습니다. 히치콕의 영화들이 대부분 그런데요, 특히 〈이창〉(1954)은 대표적입니다. 이 영화의 오프닝 시퀀스를 한번 보죠. 영화가 시작되면 카메라가 아파트 인근을 훑고 있습니다. 과연 누구의 시점일까요? 이때 카메라는 땀을 흘리며 자고 있는 한 남자를 보여줍니다. 깁스를 하고 있는 그의 이름은 제프(제임스 스튜어트). 그는 휠체어에 앉아 있습니다. 그러니까 이때까지 움직이던 카메라는 전지적 시점이었던 셈입니다.

신이 바뀌면 그는 창밖을 보고 있습니다. 이때부터 이 영화의 '시점 놀이'가 시작되는데요, 제프는 건너편 아파트를 엿보고 있습니다. 그의 시점 숏들이 등장하는 거죠. 이처럼 〈이창〉은 전지적 시점과 제프의 시점이 교차하는 편집으로 시종일관 진행됩니다. 여기서 시점을 두드러지게 편집한 장면을 하나 소개하면, 히치콕의 대표적인 후계자인 브라이언 드 팔마의 〈캐리〉(1976)입니다. 졸업 파티에 등장하는 캐리(시시 스

〈이창〉
도입부

〈캐리〉
시점 숏

파첼)의 모습을 담은 신인데요, 슬로 모션 속에서 그녀의 시점 숏이 매우 인상적으로 등장합니다. 마치 이후 벌어질 끔찍한 일의 전주곡처럼 말이죠.

7. 플래시 백, 플래시 포워드

19세기 말에 영화가 탄생한 후 얼마 되지 않아서, 사람들은 이 새로운 매체가 시간을 자유자재로 다룰 수 있다는 걸 알게 됩니다. 영화의 내러티브 속에선 자유롭게 과거와 미래로 갈 수 있다는 거죠. 다양한 화면 전환 테크닉들을 통해, 영화는 언제라도 현재 시점에서 과거나 미래로 갈 수 있습니다. 특히 과거로 돌아가는 '플래시백'(flash back)은 1901년부터 사용된 오래된 방법론입니다. 플래시백엔 두 가지 관점이 있는데요, 이전에 나왔던 장면을 반복하는 방식이 있습니다. 카메라의 시점에 의한 플래시백이라고 할 수 있죠. 이미 영화에서 과거로 제시되었던 신이 다시 한 번 등장하는 거니까요. 반면 캐릭터의 관점을 통해 과거로 돌아가는 경우가 있습니다. 이때 플래시백의 주관성이 생기면서, 이전까지는 등장하지 않았던 과거의 숨겨졌던 이야기가 드러납니다.

아마도 영화사를 통틀어 가장 인상적인 플래시백 영화라면 오슨 웰즈의 〈시민 케인〉일 겁니다. 이 영화는 주인공 찰스 포스터 케인(오슨 웰즈)이 "로즈버드"(Rosebud)라는 수수께끼 같은 유언을 남기고 죽으면서 시작합니다. 이후 영화는 대부분 케인이라는 인물과 로즈버드의 의미를 찾아가는 플래시백으로 진행됩니다. 살인 사건을 놓고 상반되는 이야기가 교차하는 〈라쇼몽〉(1950)도 플래시백이 이야기의 중심인 영화입니다.

'플래시포워드'(flash forward)는 현재 시점으로 진행되던 영화에서 갑자기 미래를 보여주는 방식입니다. 아래 클립은 〈셜록 홈즈〉(2009)의 유명한 격투 신인데요, 여기서 홈즈(로버트 다우니 주니어)가 앞날을 예측하는 대목이 슬로 모션으로 제시됩니다. 캐릭터의 내면에서 일어난, 주관적 시점의 플래시포워드인 셈이죠. 한편 〈이지 라이더〉(1969)엔 와이어트(피터 폰다)가 비참하게 죽을, 영화의 결말에 해당하는 장면이 영화 중간에 짧게 삽입됩니다. 관객들은 도대체 이게 무슨 장면인가 궁금하게 생각하겠죠. 하지만 영화의 결말에 오면, 앞에서 봤던 장면이 사실은 이 영화의 비극적 결말을 미리 보여준 플래시포워드라는 걸 깨닫게 됩니다. 이 테크닉이 가장 극적으로 사용된 영화는 아마도 크리스토퍼 놀란의 〈메멘토〉

〈셜록 홈즈〉의 플래시 포워드

(2000)일 겁니다. 역순의 시간대로 진행되니까요. 최근 영화로는 〈컨택트〉(2016)를 꼽을 수 있겠네요. 이 영화는 플래시백과 플래시포워드를 가장 아름답고 인상적으로 사용한 영화 중 하나입니다.

8. 분할 화면

숏과 숏을 이어 붙이면 어쩔 수 없이 숏의 순서가 생기고, 그 순서에 의해 영화적 시간이라는 게 형성됩니다. 동시에 일어난 일이라 해도 무엇을 먼저 보여주느냐에 따라, 영화 속에선 선후 관계가 만들어지는 거죠. 그렇다면 하나의 프레임 안에서 두 개의 사건이 동시에 진행될 순 없을까? 한 화면 안에서 다양한 상황을 동시에 제시할 순 없을까? 그런 고민의 산물이 바로 '분할 화면'(split screen)입니다 이것은 두 개 이상의 스토리를 동시에 진행시키는 방식인데요, 1916년부터 사용되었으니 100년이 넘은 테크닉입니다. 무성영화 시기의 대표적인 에픽인 아벨 강스 감독의 〈나폴레옹〉(1927)은 폴리비전(polyvision)이라는 혁신적인 방식을 사용해 이 기법을 구현했고요, 이후 다양한 장르에서 분할 화면이 사용되었습니다. 마이크 피기스의 리얼 타임 영화였던 〈타임코드〉(2000)는 분할 화면 방식이 영화의 테마와 직결되었던 작품이고요.

〈나폴레옹〉의 분할 화면 이미지

〈타임코드〉의 4분할 화면

비교적 최근 영화로는 〈500일의 썸머〉(2009)가 기억에 남는데요, 톰(조셉 고든 레빗)과 썸머(주이 디샤넬)의 관계를 '기대'와 '현실' 두 상황의 분할 화면으로 재치 있게 보여줍니다. 한편 전설의 록큐멘터리인 〈우드스톡〉(1970)도 분할 화면을 잘 활용한 사례인데요, 마틴 스코시즈가 편집했습니다.

〈500일의 썸머〉
분할 화면

〈우드스톡〉
예고편

VI. 몽타주

1. 쿨레쇼프 효과

영화의 편집을 이야기할 때 가장 중요한 이론 중 하나가 바로 쿨레쇼프 효과(Kuleshov effect)입니다. 레프 쿨레쇼프의 영상 실험에 기반한 것인데요, 일단 무표정한 배우의 얼굴을 담은 숏이 있습니다. 이 숏을 수프, 관 속의 아이, 아름다운 여인의 숏과 병치시킵니다. 배우의 얼굴 표정엔 변화가 없지만, 어떤 숏과 붙느냐에 따라 배우의 얼굴은 그 의미가 배고픔, 비통함, 온화함으로 달라집니다. 이것이 바로 편집의 힘이라는 거죠. 단지 이어 붙이는 행위로 인해 같은 숏이라도 의미가 변하니까요. 배우는 아무 연기도 하지 않았는데 말이죠.

쿨레쇼프 효과

쿨레쇼프 효과는 영화라는 예술은 본질적으로 눈속임이라는 걸 간파합니다. 편집이라는 건 관객의 마음속에 어떤 환상을 만들어낸다는 걸 증명한 거죠. 이것은 우리가 영화를 이해할 때 매우 중요한 화두입니다. 앞에서 본 〈대부〉의 세례식 장면을 다시 돌려 보죠. 여기서 마이클의 표정은 변함없습니다. 굳은 표정으로 거의 연기를 하지 않는다고 봐야죠. 하지만 그 표정 뒤에 경건한 의식과 아이의 모습과 잔혹한 살인 장면이 붙을 때, 마이클의 표정이 지닌 의미는 변합니다. 이처럼 쿨레쇼프 효과는 현대 영화에서도 여전히 유효한 이론이며, 특히 무성영화 시기 소비에트 몽타주에 큰 영향을 미쳤습니다.

2. 다섯 가지 몽타주

소비에트 몽타주라고 할 때 단지 세르게이 에이젠슈타인의 영화만을 이야기하는 건 아닙니다. 지가 베르토프의 〈카메라를 든 사나이〉(1929)나, 푸도프킨 혹은 알렉산드르 도브첸코의 영화도 언급할 만합니다. 하지만 몽타주만으로도 책 한 권이 충분히 나올 정도의 내용이니, 여기서는 에이젠슈타인이 이야기한 다섯 가지 몽타주에 대해서만 이야기하겠습니다.

러시아 혁명을 이끈 블라디미르 레닌은 글을 모르는 대중을 혁명으로 추동하는 데 가장 유용한 매체가 영화라고 생각했습니다. 특정한 편집으로 특정한 감정적 효과가 발생한다는 것을 알았던 거죠. 그리고 신생 예술인 영화는 다른 예술에 비해 부르주아의 영향을 훨씬 덜 받았던 상태였습니다. 이런 상황에서 등장한 게 바로 몽타주인데요, 에이젠슈타인은 몽타주 실험을 마르크스의 이론과 연결했습니다. 역사와 마찬가지로 영화도 충돌이라고, 즉 이미지와 사상이 부딪히는 것이라고 생각한 거죠. 영화의 의미는 개별적인 숏이 아니라, 숏과 숏이 만날 때 온다고 본 겁니다.

그리피스가 편집을 숨기려 했다면, 에이젠슈타인은 오히려 편집을 드러내려 했습니다. 그래서일까요? 쿠엔틴 타란티노는 에이젠슈타인에 대해 이렇게 말합니다. "그는 진정한 의미에서 최초의 감독이다. 그는 연출과 카메라의 움직임과 그 밖의 모든 것에 전력투구했지만, 결국 그가 촬영한 장면은 하나도 빠짐없이 편집실에서 결정됐다." 그는 영화라는 게 결국 편집에 의해 판가름 난다는 걸 일찌감치 받아들인 선각자였습니다.

'몽타주'(montage)는 프랑스어 'monter'(조합하다, 조립하다)에서 온 단어로, 일반적으로 숏을 붙여 신을 만들고 그 신들을 모아 한 편의 영화를 완성해가는 것을 말합니다. 하지만 에이젠슈타인은 이 용어를 훨씬 더 적극적으로 확장시켰습니다. 그렇다면 그가 이야기한 다섯 가지 몽타주를 이야기해보죠. 먼저 그는 숏의 길이를 점점 짧게 만들어 긴장감을 발생시켰습니다. 이걸 '계량적(metric) 몽타주'라고 합니다. 이런 방식은 요즘 액션 영화에서도 자주 사용되는데요, 액션이 정점을 향해 치달을 때 일반적으로 숏의 길이가 짧아집니다.

'율동적(rhythmic) 몽타주'는 숏의 길이보다는 내용으로 인해 긴장감을 만듭니다. 3장에 제시된 〈전함 포템킨〉의 오뎃사 계단 장면을 다시 한 번 보시기 바랍니다. 5분 정도 지났을 때 시작되는데요, 계단을 내려오는 군인들이 지닌 율동감은 굴러 내려오는 유모차의 율동감으로 옮겨짐으로써 더욱 더 강렬해집니다. 유모차 안에 아기가 있다는 '내용'(사실)이 그러한 급박함을 만들어내는 거죠. 이런 방식을 가장 잘 사용한 장르 중 하나가 스파게티 웨스턴입니다. 아래는 〈석양의 무법자〉(1966)의 마지막 대결인데요, 이 신이 지닌 긴장감의 근원은 에이젠슈타인의 율동적 몽타주입니다. 세 인물 사이를 오가는 편집은 계속 긴장감을 고조시키며 구축됩니다.

세 번째는 '음조적(tonal) 몽타주'입니다. 아래 클립은 〈전함 포템킨〉의 부둣가 장면인데요, 항거했던 한 군인의 시신이 항구로 들어오는 밤의 우울한 분위기를 보여줍니다. 여기서

〈석양의 무법자〉
마지막 대결 신

에이젠슈타인은 물결, 부표, 피어오르는 안개, 갈매기 등의 풍경을 이어서 보여줌으로써 슬픔의 '정서'를 전달하는데, 이것이 음조적 몽타주의 방식입니다. '배음적(overtonal) 몽타주'는 위의 세 방식이 결합되면서 관객에게 좀 더 추상적이고 복합적인 효과를 줍니다. 무슨 말인지 잘 모르시겠다고요? 영화 사상 가장 유명한 신이 바로 '배음적 몽타주'를 기반으로 만들어졌습니다. 바로 히치콕의 〈싸이코〉에 나오는 샤워실 장면입니다.

다들 보셨겠지만, 몽타주의 관점에서 다시 한 번 보죠. 자세히 보면 컷의 길이가 살인 행위의 정점으로 갈수록 점점 짧

〈전함 포템킨〉
부둣가 신

〈싸이코〉
샤워실 신

〈전함 포템킨〉
사자상 신

아집니다(계량적 몽타주). 칼을 휘두르고 찔리는 모습이 잔혹함을 드러내고요(율동적 몽타주). 그리고 샤워 꼭지의 물줄기, 범인의 실루엣, 배수구로 흘러들어가는 피, 살해당한 사람의 눈동자 등 여러 요소가 결합되어 공포의 분위기를 만듭니다(음조적 몽타주). 마지막으로 '지적(intellectual) 몽타주'는 말 그대로 지적인 정서들의 갈등에 기초합니다. 〈전함 포템킨〉에서 민중의 봉기를 보여주는 짧은 장면을 보면, 엎드려 있던 사자상이 우뚝 서는 모습으로 몽타주를 통해 제시됩니다. 혁명의 움직임을 일종의 메타포를 통해 보여주는 셈이죠.

몽타주는 이후 영화에 많은 영향을 주었습니다. 〈시민 케인〉에도 몇몇 시퀀스에서 몽타주가 사용되었죠. 조금 다른 맥락이긴 하지만 앨프레드 히치콕은 자신의 편집을 '몽타주'로 간주했습니다. 〈북북서로 진로를 돌려라〉(1959)에서 주인공(케리 그랜트)이 비행기에게 쫓기는 장면이나, 〈새〉(1963)에서 주유소가 폭발하기 직전의 편집을 보면, 히치콕 특유의 편

〈파업〉 학살 신

집 스타일을 볼 수 있죠. 1960년대 말부터 시작된 '아메리칸 뉴 시네마'에서도 에이젠슈타인의 흔적이 느껴집니다. 3장에 서 봤던 포스트 고전 편집의 사례들인 〈우리에게 내일은 없 다〉나 〈와일드 번치〉(1969)의 클립들은 좋은 예죠. 특히 코폴 라는 에이젠슈타인의 신봉자 중 한 명이었는데, 〈대부〉의 세 례식 장면은 '지적 몽타주'를 염두에 둔 편집이었습니다. 코폴 라의 〈지옥의 묵시록〉(1979)에서 윌라드 대위(마틴 신)가 커 츠 대령(말론 브랜도)을 죽이는 장면도 '지적 몽타주'의 대표 적 장면입니다. 커츠의 죽음과 소의 도살이 교차하는데요, 이 것은 에이젠슈타인의 〈파업〉(1925)에 대한 오마주입니다. 이 영화에서 노동자들이 학살당하는 장면과 소의 도살 장면이 결합됩니다. 마지막으로 브라이언 드 팔마의 〈언터처블〉(1987)을 뺄 뻔했네요. 이 영화엔 〈전함 포템킨〉의 계단 장면에 대한 할리우드의 오마주가 있습니다. 원전과 비교해 보시면, 매우 흥미로우실 겁니다.

〈지옥의 묵시록〉
커츠의 죽음 신

〈언터처블〉
계단 신

7. 장면 전환의 방식들

1. 페이드인, 페이드아웃

화면을 전환한다는 것, 즉 어떤 신에서 다른 신으로 넘어간다는 건, 영화가 처음 등장했을 때 의외로 난감한 부분이었습니다. 요즘은 그냥 컷이 되면서 툭 하고 넘어가기도 하지만, 그런 전환이 가능한 건 관객들이 이젠 영화라는 매체에 훈련되어 있기 때문이죠. 하지만 과거의 관객에겐 어떤 신호가 필요했습니다. 그러한 신호 중 가장 오래된 것이 아마도 페이드인(fade-in)과 페이드아웃(fade-out)일 겁니다.

말 그대로 페이드인은 'fade'라는 단어의 뜻처럼 화면이 희미해지는 겁니다. 페이드인이라면 검은 화면에서 희미하게 빛이 들어오면서 화면이 밝아지는 것이고, 페이드아웃은 밝았던 화면이 희미해지면서 검은 화면으로 변해가는 것이겠죠. 무성영화나 고전영화 시기 페이드인은 영화가 시작될 때 많이 사용되던 테크닉이었습니다. 영화의 시작을 알리는 오프닝 크레딧이 끝나면 잠시 검은 화면이 나타나죠. 그리고 화면이 조금씩 밝아지면서 영화는 시작됩니다.

페이드인과 페이드아웃이 함께 사용될 땐 대부분 시간의 경과를 나타냅니다. 5장에서 POV 편집을 살펴보며 언급한 히치콕의 〈이창〉 클립을 다시 한 번 보실까요? 첫 신이 끝나고 화면이 어두워집니다. 페이드아웃이죠. 그러곤 잠시 검은 무지 화면이 나온 후에 서서히 화면이 밝아지는 페이드인이 나옵니다. 어느 정도 시간이 흘렀다는 것을 이렇게 표현하는 것이며, 이것은 헤아릴 수 없이 많은 영화에서 사용되었고 지금도 사용되고 있는 장면 전환 방식입니다.

여기서 페이드아웃의 변형인 '워시아웃'(washout)에 대해서도 알아봅시다. 페이드아웃이 화면이 어두워지면서 검은색으로 변하는 거라면, 워시아웃은 화면이 탈색되거나 노출 과다(overexposure)를 거치면서 검은색이 아닌 다른 색이나 흰색으로 변해가는 것입니다. 아래는 잉마르 베리만의 〈외침과 속삭임〉(1972) 클립인데요, 후반부에 가면 화면이 워시아웃되면서 붉은색 화면으로 변합니다.

〈외침과 속삭임〉 워시아웃

2. 디졸브

5장에서 매치 컷을 설명하며 〈싸이코〉의 샤워실 신을 언급했는데요, 욕조 배수구 숏과 죽은 사람의 눈동자 숏이 매치됩니다. 그런데 이때, 두 숏이 그냥 붙는 게 아니라 중간에 배수구와 눈동자 이미지가 오버랩 되는 이미지가 있습니다. 책에 수록된 사진을 참조하면 되는데요, 바로 디졸브(dissolve)죠. 숏에서 숏으로 넘어갈 때 중간에 두 숏이 겹치는 구간이 발생하는 방식입니다. 페이드아웃과 페이드인이 중간에 검은 화면이 있다면, 디졸브는 앞뒤 숏의 이미지가 겹친다는 점에서 차이가 있습니다.

　고전적인 장면 전환 방식인 디졸브는 다양한 방식으로 변주되는 꽤 쓰임새가 많은 테크닉입니다. 영화에 등장하는 사진이 종종 실사로 변하곤 하는데요, 〈세인트루이스에서 만나요〉(1944)의 도입부 같은 경우입니다. 흑백 사진은 디졸브를 통해 서서히 컬러로 변하면서 움직임이 부여되는 실사 장면이 됩니다. 페이드인과 페이드아웃처럼 시간의 경과를 표현할 때도 종종 디졸브가 사용되지만, 또 하나의 기능을 언급하자면 그것은 소멸입니다. 어떤 캐릭터가 사라질 때 종종 디졸브 효과를 사용하는데요, 〈제다이의 귀환〉(1983)에서 요다의 죽음이 그렇습니다. 요다는 디졸브를 통해 화면에서 사라집니다.

　〈지옥의 묵시록〉은 디졸브를 가장 인상적으로 사용한 영화일 텐데요, 이 단순한 테크닉이 거의 실험영화 수준으로 쓰입니다. 도어즈의 '디 엔드'(The End)가 흐르는 오프닝 신에선

〈세인트루이스
에서 만나요〉
오프닝 신

〈제다이의 귀환〉
요다의 죽음 신

〈지옥의 묵시록〉 오프닝 신

주인공 윌라드(마틴 신)의 의식 세계와 영화의 전반적인 묵시록적 이미지가 결합됩니다. 화염에 불타는 베트남의 정글, 윌라드의 얼굴, 그의 방 천장에 달린 선풍기 등의 이미지가 어떨 땐 세 개까지 겹치는데요, 이것은 장면 전환이 아닌 거의 몽타주 수준의 디졸브입니다. 한편 디졸브는 몇몇 방식으로 변주되는데요, 그중 하나가 바로 '리플 디졸브'(ripple dissolve)입니다. 리플은 '잔물결'이라는 뜻인데요, 마치 화면이 물결치는 것처럼 변하면서 리졸브가 되는 방식입니다. 〈맘마미아!〉(2008)에서 도나(메릴 스트립)가 다락방에서 옛 남자들을 발견할 때 짧게 그들의 젊은 시절을 떠올리는데, 이때 바로 리

〈맘마미아〉 다락방 신

플 디졸브가 사용됩니다.

3. 와이프

  '와이프'(wipe) 역시 고전적인 화면 전환 방법입니다. 다음 숏이 앞의 숏을 밀어내면서 등장하는 것인데요, 영화사 초기엔 많이 등장했지만 점차 사용 빈도가 떨어졌습니다. 밀어내는 방향은 정해져 있지 않은데요, 왼쪽이나 오른쪽 혹은 위나 아래 모두 가능합니다. 화면 중앙에 별 모양이나 하트 모양이 등장해 주변을 밀어내면서 화면이 변하는 경우도 있고, 시계 바늘 방향으로 화면이 지워지며 전환되는 경우도 있습니다. 아래는 TV 애니메이션 시리즈인 〈심슨 가족〉 중 한 장면인데요, 별 모양에 의한 와이프인 '스타 와이프'(star wipe)를 보여주고 있습니다. 와이프는 고전적인 화면 전환 방식이지만, 조지 루카스는 〈스타워즈〉 시리즈에서 이 스타일을 종종 사용합니다. 구로사와 아키라 영화에 대한 오마주라고 하네요. 클립은 아예 〈스타 워즈〉 시리즈에 나온 와이프만 짧게 모아놓

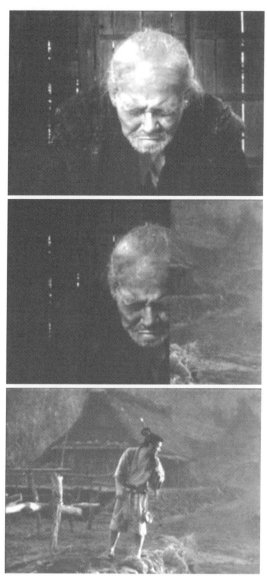

구로사와 아키라의 〈7인의 사무라이〉 와이프

〈심슨 가족〉
스타 와이프 신

〈스타 워즈〉
시리즈의 와이프

은 겁니다. 거의 와이프의 백과사전이라 할 수 있겠네요.

4. 아이리스인, 아이리스아웃

'아이리스인'(iris-in)과 '아이리스아웃'(iris-out)은 카메라의
조리개, 즉 '아이리스 다이어프램'(iris diaphragm)에서 유래
된 용어입니다. 조리개를 열고 닫을 때, 화면에 원형이 생기
며 화면이 밝아지고 어두워지는데요, 이런 기계적 특성이 장
면 전환에 반영된 것이죠. 페이드인과 페이드아웃이 화면 전
체가 밝아지고 어두워진다면, 아이리스 기법은 원형이 생긴
다는 차이가 있습니다.

그리피스의 〈국가의 탄생〉 같은 초기 할리우드 영화들에선
아이리스를 종종 볼 수 있는데요, 이 테크닉이 애용되었던 장
르는 의외로 애니메이션입니다. 사실 조리개 개념과 무관한

〈디파티드〉 아이리스인

장르지만, 동그란 그래픽 요소가 이 장르와 잘 어울렸던 모양인데요, 디즈니 애니메이션을 보면 종종 아이리스 효과를 볼 수 있습니다. 현대 영화에선 잘 사용되지 않지만, 마틴 스코시즈처럼 클래식 무비에 대한 백과사전적 지식을 지닌 감독들은 종종 사용하곤 합니다. 위 클립은 〈디파티드〉(2006)의 한 장면인데요, 신의 시작이 아이리스인입니다.

5. 스매시 컷

테니스에서 스매싱이 상대방의 코트를 향해 후려치는 것이듯, '스매시 컷'(smash cut) 역시 갑작스러운 컷의 변화로 관객을 놀라게 하거나 영화의 흐름을 순식간에 환기시키는 기법입니다. 영화에서 스매시 컷이 가장 많이 쓰이는 건 '악몽에서 깨어나는 신'입니다. 아래는 〈펄프 픽션〉의 한 장면인데요, 어린 부치(챈들러 린다우어)가 아버지의 전우인 쿤스(크리스토프 워큰)에게서 유품인 시계를 건네받는 장면입니다. 그런데 시계를 받자마자 꿈에서 벌떡 깨어나는 부치(브루스 윌리

<〈펄프 픽션〉 부치 라커룸 신

스)의 모습이 이어집니다. 이런 방식으로 스매시 컷은 종종
사용되죠.

장르영화에서 이 컷의 활용도는 매우 높은데요, 스펙트럼
이 매우 넓습니다. 일단 호러 무비에서 갑작스러운 공포의 효
과를 주기 위해 종종 사용됩니다. 남용된다는 느낌을 줄 정도
죠. 하지만 아껴서 효율적으로 사용할 경우 관객들의 인상에
오래 남는데요, 아래 〈샤이닝〉 클립을 보면 무슨 이야기인지
이해하실 겁니다. 이 영화의 클라이맥스에선 눈으로 뒤덮인
미로가 등장하는데요, 잭(잭 니콜슨)은 아들을 잡기 위해 미

친 듯이 미로를 헤집고 다닙니다. 어린 아들은 필사적으로 도망치고요. 이때 갑자기 장면이 바뀌며 기괴한 모습으로 얼어 죽어 있는 잭이 등장합니다.

코미디에서도 스매시 컷은 유용한데요, 우디 앨런의 〈애니 홀〉(1977)엔 재치 있는 스매시 컷이 등장합니다. 앨비(우디 앨런)는 연인인 애니(다이앤 키튼)의 집에 초대받습니다. 전형적인 백인 중산층 집안의 식탁 분위기가 앨비에겐 계속 불편한데요, 자신이 유대인이라는 사실은 큰 콤플렉스로 작용합니다. 자꾸 애니의 가족들이 자신을 이상하게 보는 것 같은 거죠. 애니의 할머니 시점 숏으로 갑자기 유대인 랍비 복장을 한 앨비가 등장합니다. 코믹한 스매시 컷이죠. 이처럼 스매시 컷은 다양한 효과로 사용되는데요, 여기서 핵심 하나가 있습니다. 예상을 벗어나야 한다는 거죠. 그렇지 않으면 안 쓴 것만 못합니다.

〈샤이닝〉
미로 신

〈애니 홀〉
식탁 신

6. J컷, L컷

일단 아래 클립부터 보면 이해가 빠를 겁니다. 〈페리스의 해방〉(1986)이라는 영화인데요, 6분 정도 지났을 때부터 보시면 됩니다. 출석 체크 시간인데요, 선생님은 '프라이'라는 학생의 이름을 반복해서 부릅니다. 하지만 프라이는 학교에 오지 않았고 아직도 침대 안에 있죠. 이 대목을 표현할 때 존 휴즈 감독의 재치가 빛납니다. 선생님은 계속 프라이의 이름을 부르는데, 이때 장면은 이미 프라이의 집으로 넘어가 있습니다. 이전 숏의 사운드는 지속되는데 비디오만 바뀐 거죠. 이런 컷을 L컷(L cut)이라고 합니다. 그런데 프라이의 집 전경 숏에서 '프라이'라는 출석 부르는 소리가 끝나면 전화벨 울리는 소리가 이어집니다. 그리고 집 안으로 들어가 전화기를 보여줍니다. 이것은 오디오를 먼저 들려주고 그 다음에 장면을 보여주는 방식이죠. 이것은 J컷(J cut)이라고 합니다.

〈페리스의 해방〉
L컷과 J컷

〈라이언 일병
구하기〉의 J컷

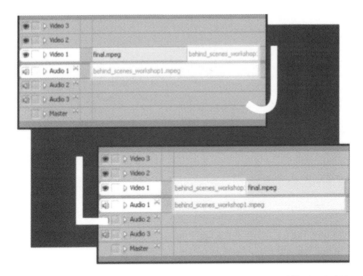

J컷과 L컷(출처: 비미오)

J컷과 L컷은 분할 편집(split edit)의 방식들입니다. 즉 오디
오와 비디오를 살짝 어긋나게 만드는 거죠. 특히 J컷은 극적
진행에서 살짝 궁금증을 자아내며 효율적으로 사용되는 기법
입니다. 〈라이언 일병 구하기〉(1998)에서 노인이 된 라이언의
모습에서 오마하 해변 전투 장면으로 넘어갈 때, 해변의 거센
파도 소리가 먼저 들리면서 카메라는 점점 라이언의 얼굴로
다가갑니다. 그리고 자막과 함께 1944년 전투의 현장을 보여
줍니다. 전형적인 J컷의 사용입니다. 참 J컷과 L컷이라는 명칭
은, 편집기에서 오디오와 비디오 트랙을 놓고 편집할 때 그 맞
물리는 형태를 놓고 붙인 것입니다.

7. 인비저블 컷

영화의 편집은 숏과 숏을 잘라 붙인다는 걸 관객들이 눈치 채지 못하게 만드는 것이 그 목표입니다. 그렇지 않은 영화도 있지만, 대부분의 대중 영화들은 '보이지 않는 편집'을 추구합니다. 그 취지에 전적으로 부합하는 편집 방식이 바로 '인비저블 컷'(invisible cut)입니다. 숏의 이음새를 감춰서 마치 편집이 이뤄지지 않은 것처럼 속이는 거죠. 히치콕은 〈로프〉(1948)를 그런 방식으로 찍었는데요, 교묘한 블로킹(blocking)을 이용해 마치 80분짜리 영화 한 편이 하나의 숏으로 이뤄진 것처럼 만들었습니다. 아래 클립은 〈로프〉에서 인비저블 컷이 일어나는 부분들을 모아놓은 것입니다.

이처럼 극단적인 예가 아니라도, 영화에선 종종 인비저블 컷이 사용됩니다. 그러려면 〈로프〉처럼 편집점에서 완충 작용을 할 수 있는 피사체가 필요하죠. 그래서 이 편집은 매우 섬세한 작업이 필요합니다. 또 하나 보실 클립은 〈버드맨〉(2014)에 대한 것인데요, 이 영화도 〈로프〉처

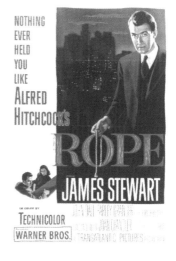

앨프레드 히치콕의 〈로프〉

〈로프〉
인비저블 컷

〈버드맨〉
인비저블 컷

럼 영화 전체를 하나의 숏처럼 찍었습니다. 클립에선 영화 전체를 복기하며 그 편집점을 체크하는데요, 정말 교묘합니다.

이처럼 교묘하게 연결하는 게 힘들면, '윕 팬'(whip pan)을 사용하는 방식도 있습니다. 영화 촬영에서 '패닝'(panning)은 피사체를 따라 카메라를 좌우로 움직이는 것인데요, 윕 팬은 매우 빠른 속도로, 어떨 땐 피사체의 형태를 알아보기 힘들 정도로 빠른 속도로 카메라를 옆으로 움직이는 겁니다. 그렇게 만들어진 숏을 붙이면, 중간에 형태가 흐려지는 부분 때문에, 마치 두 숏이 하나의 숏처럼 보이는 경우가 있습니다. 그럴 경우 매우 거친 스타일의 인비저블 컷이 만들어지는 셈이죠.

8. 프리즈 프레임

'스톱 프레임'(stop frame)이라고도 하는 '프리즈 프레임'

(freeze frame)은 정지 화면입니다. 사실 아무런 움직임도 없이 멈춰 있는 화면이 편집 기법으로서 어떤 기능을 할 수 있을지 의문이지만, '편집의 신' 스코시즈의 〈좋은 친구들〉(1990) 같은 영화를 보면 극적 전개에서 꽤 효과적인 방법이라는 생각도 듭니다. 주인공 헨리의 어린 시절 에피소드인데요, 여기엔 어른이 된 헨리(레이 리오타)의 내레이션이 흐릅니다. 동네 갱과 어울리느라 학교에 안 간 헨리는 아버지에게 무자비하게 맞는데요, 이때 장면이 멈추면서 헨리의 옛 이야기가 나오는 거죠. 이런 방식의 설명을 위한 편집 방식으로서 프리즈 프레임은 꽤 유용합니다.

프리즈 프레임은 영화의 마지막을 종종 장식하는 스타일인데요, 〈내일을 향해 쏴라〉(1969)의 마지막 장면이 유명하죠. 부치 캐시디(폴 뉴먼)와 선댄스 키드(로버트 레드포드)는 총알이 빗발치는 속으로 뛰어드는데, 거기서 영화는 멈춘 채 끝나죠. 〈델마와 루이스〉(1991)의 엔딩도 인상적이고요. 그리고 프랑수와 트뤼포 감독의 첫 영화 〈400번의 구타〉(1959) 마지막 신에서 주인공 소년(장 피에르 레오)은 해변을 무작정 달립니다. 이때 멈춘 소년의 모습은 영화의 마지막 이미지가

〈좋은 친구들〉 헨리의 어린 시절 신

〈400번의 구타〉의 마지막 숏

되는데요, 이 영화는 이후 수많은 누벨 바그 작품들에 프리즈 프레임의 유행을 불러오기도 합니다.

나오는 글

편집이라는 거대한 산맥을 주마간산 격으로 훑어보았습니다. 최대한 많은 예를 들려고 했지만, 주어진 원고 분량 안에선 이 정도가 최선인 것 같습니다. 서두에서도 밝혔지만, 이 책을 통해 영화 편집에 대한 기본 상식과 교양 정도의 지식을 얻으셨다면 저자로서 만족할 수 있을 것 같습니다. 영화의 디테일을 좀 더 깊이 이해하는 데 도움이 되었다면 더할 나위 없고요.

이 책을 통해 편집에 대한 기본을 알게 되었다고 생각하신다면, 곧바로 적용해 보시기 바랍니다. 영화 한 편을 골라 오로지 편집의 관점에서 보는 거죠. 어떤 영화도 상관없습니다. 혹은 아카데미 편집상 수상작을 하나 골라서 꼼꼼히 살펴보는 것도 좋고요. 몇 편 정도만 이런 작업을 하신다면, 이후엔 영화를 볼 때 편집이 눈에 들어오는 경지(!)에 오르게 될 겁니다. 물론 그 편집이 감독과 에디터의 어떤 의도이며, 결국 어떤 의미를 만들어내는지 알아내는 건 각자의 몫이지만요.

저에게도 이 책을 쓰는 작업은 매우 흥미로운 작업이었습니다. 막연하게 알고 있던 편집에 대한 지식들을 체계적으로 엮어내는 건 결코 쉽지 않았고요. 한 가지 아쉬운 건, 영화 한 편의 편집을 온전히 분석해서 전달하지 못한 점입니다. 특정한 개념에 맞춰 영화의 조각들인 여러 클립들을 살펴보는 건, 사실 '족집게 과외' 같은 것이죠. 한 편의 영화가 어떤 편집 기술과 원칙을 통해 구성되는지 전체적인 조망과 분석을 시도해보고 싶었지만 책의 분량 상 불가능한 일이었고, 결국 여러분의 몫으로 돌려야 할 것 같습니다. 아무튼 저는 여기까지입니다. 아무쪼록 독자에게 작으나마 도움이 되었으면 합니다.

참고문헌

로이 톰슨 지음, 김창유 옮김, 『영화 연출과 편집 문법』, 책과길, 1999

편장완 지음, 『편집을 알면 영화가 보인다』, 위드커뮤니케이션즈, 2002

한승룡 지음, 『영화 편집』, MJ미디어, 2002

박지훈 지음, 『현대영화의 몽타주』, 책과길, 2005

김용수 지음, 『영화에서의 몽타주 이론』, 열화당, 2006

김정호 지음, 『영화 제작을 위한 영화 편집의 이해』, 소도, 2006

켄 댄시거 지음, 오명훈 옮김, 『영화 편집』, 커뮤니케이션북스, 2010

월터 머치 지음, 문원립 옮김, 『눈 깜빡할 사이』, 비즈앤비즈, 2010

리처드 페퍼먼, 선우윤학 옮김, 『영화 편집, 눈보다 빠른 것은 없다』, 커뮤니케이
  션북스, 2012

게일 챈들러 지음, 민경원 옮김, 『위대한 영화의 편집 문법』, 커뮤니케이션북스,
  2013

마이클 온다체 지음, 이태선 옮김, 『월터 머치와의 대화』, 비즈앤비즈, 2013

캐런 펄먼 지음, 김진희 옮김, 『커팅 리듬, 영화 편집의 비밀』, 커뮤니케이션북스,
  2014

김진희 지음, 『영화 편집』, 커뮤니케이션북스, 2014

바비 오스틴 지음, 김진희 옮김, 『보이지 않는 컷』, 비즈앤비즈, 2014

* 편집에 대해선 국내에도 많은 책이 출간되어 있습니다. 출간 연도에 따라 정리
했으며, 편집의 실제를 다룬 실용서들은 제외했습니다.